ADAC Reiseführer

Istrien

und Kvarner Golf

Inhalt

Einfach bildschön ist die Altstadt von Poreč – Blick vom Turm der Euphrasius-Basilika

Ein wahrer Augenschmaus sind die herrlichen byzantinischen Mosaiken der Euphrasius-Basilika in Poreč …

… und die lecker präsentierten Früchte auf dem Markt von Rovinj

Abends genießt man den Charme der zauberhaften Orte …

… und tagsüber spielt sich das Leben an den wunderschönen Stränden Istriens und den attraktiven Küsten des Kvarner Golfs ab

Dies und Das

Bei diesem Anblick wird garantiert jedem Fischliebhaber das Wasser im Mund zusammenlaufen

Istrien und Kvarner Golf aktuell A bis Z

Ein herzliches Willkommen auf den Brijuni-Inseln entbieten diese engagierten Fremdenführerinnen

Der Sonne und dem Wind entgegen

Nur wenige Stunden Autofahrt sind es von Deutschland und Österreich in die **kroatischen Urlaubsregionen** Istrien (das slowenische Istrien ist in diesem Band nicht berücksichtigt) und Kvarner. Nur wenige Stunden, die den Reisenden in eine wunderschöne **mediterrane Welt** führen. Der internationale Tourismus hat **Istrien**, die triangelförmige **Halbinsel**, die im Nordosten der leuchtend blauen Adria den Ton angibt, und **Kvarner**, einen ebensogroßen, meer-, sonne- und windgeprägten Golf mit seinen Inseln und seinen Küstenregionen wieder für sich entdeckt. 1000 km **Küste** mit einsamen Buchten, bizarren Felsen-, Kiesel- und Sandstränden, gesäumt von Pinien-, Föhren- und Lorbeerhainen, sowie ein warmes, oft glasklares Wasser machen diese Regionen zu Feriengebieten par excellence. Aber auch kühle, marmorglatte Gassen in den aus dem Meer aufsteigenden strahlenden **Seestädtchen**, stille **Fischer- und Weindörfer**, steinalte **Hügelorte** und **Küstengebirge** oder heilsames **Seeklima** ziehen erneut Sommer für Sommer Badegäste und Sportler, Kunst- und Naturfreunde, Camper, Familien und Skipper zuhauf an.

Die mit 4437 km^2 größte Halbinsel und die zugehörigen Inselperlen der Adria, Krk, Cres, Lošinj und Rab, vereinen auf relativ kleinem Raum eine unglaubliche Vielfalt betörender **Landschaften**, von den flachen Landzungen Westistriens über die Weinhügel und Trüffelwälder des Zentrums bis zu den karstigen Höhenzügen Nordistriens und zum Kalkfelsrücken des Velebit-Gebirges, vom Bergmassiv Učka bis zu den Sandstränden der Insel Rab.

Istrien – Land am Meer

Die zum größten Teil üppig grüne, an zwei Seiten vom Meer umspülte und im Süden spitz ausbrechende **Kalkhalbinsel** zählt zu den schönsten Fleckchen der sonnenverwöhnten Adria und hat äußerst abwechslungsreiche Regionen zu bieten. Der **Nordosten** ist geprägt vom fast unberührten weißen Karst, der sich über die mächtigen Bergmassive Ćićarija und Učka vom Triester Golf bis zum Kvarner Golf ausdehnt. Zum Westen und Südwesten hin werden die in einer Harmonie aus bloßgelegtem Schiefer, Grün der Obst- und Blumenwiesen, naturbelassenen Wäldern und Tälern miteinander verschmolzenen Hügel des **grüngrauen Inneristrien** zur *terra rossa* der wohl bestellten Felder und Weingärten, die bis zum Meer reichen. Die immer wieder hinauszackende **Westküste** geht um Pula in die zerklüftete **Südspitze** über. Und die

Oben: *Gemütliches Plätzchen in Rovinj mit Blick aufs Meer*

Rechts oben: *Pittoresken Charme strahlt der alte Hafen von Rabac aus*

Rechts: *Paradies für Sonnenanbeter und Wasserratten – Strand von Medveja*

sich an der mittleren **Ostküste** entlangziehende Hochebene Labinščina geht nördlich von Labin in die große Ebene, die Čepićko polje über, einen ehemaligen Karstsee. Der schmale ostistrische Küstensaum, die bis zum Meer hin waldbedeckte Steilküste des Učka mit der Opatijska riviera, öffnet sich bereits zum Kvarner Golf hin. Ein wenig unter neben der allmächtigen Adria gehen die istrischen **Flüsse** Dragonja, Mirna und Raša.

Kein Ort Istriens ist mehr als 35 km vom Meer entfernt, und eine Handvoll der Städte schiebt sich weit ins Meer hinein. Die lange bildschöne Silhouette von **Poreč**, mit Spitz- und Viereckturm, setzt sich auf einer herrlichen Flaniermeile in Bewegung. Die entzückende, unter

Denkmalschutz stehende Inselstadt **Rovinj** wird vom höchsten Glockenturm Istriens bewacht. Auf **Veli Brijun** ist der Besucher überrascht von der friedlichen Ruhe einer westistrischen Insel. Die 2000 Jahre alte Arena in **Pula** wacht in den Sommermonaten mit attraktiven Veranstaltungen auf. Auf den hohen Klippen von **Zlatne stijene** und auf dem ungezähmten Südkap **Kamenjak** verliert man sich, um am Ende Istriens wieder aufzutauchen. Die perlende Brandung in den Kiesbuchten von **Rabac** wird vom munteren Rufen der Kinder übertönt. In **Motovun** merkt man, dass auch die abgeschiedenen **Stadtburgen** Inneristriens eine große Anmut besitzen können.

Kvarner – am Festland und im Wasser

Der Name Quarner (Kvarner), der sich vermutlich vom lateinischen *Qua(ter)narius* – für die vier Himmelsrichtungen – ableitet, bezieht sich auf den Kvarner Golf, der vom östlichen Küstensaum Istriens bis zum Velebit-Gebirge und zur Insel Rab reicht, auf die Hafenstadt **Rijeka**, die reizvolle **Opatijska riviera** im Westen und die **Crikvenička riviera** im Osten des Golfs – beide seit langem beliebte Feriengebiete.

Die westliche Kvarnerküste wählte bereits der k. u. k.-Adel Ende des 19. Jh. als Logenplatz für den Bau edler Villen und erster prachtvoller Adriahotels. Man traf sich auch im Winter im Freien, zum Konzert in Opatija, auf dem über 12 km langen Küstenweg des **Lungomare** oder zum Karneval von Rijeka. Gern unternahm man auch einen Schiffsausflug

Links oben: *Bestens zum Flanieren geeignet – Decumanus in Poreč*

Links Mitte: *Abbröckelnder Charme – Haus am Hauptplatz von Vodnjan*

Links unten: *Mosaikentraum (6. Jh.) am Triumphbogen der Basilika von Poreč*

Oben: *Labin mit einer der schönsten Altstädte Istriens*

Unten: *Die Villa Angiolina gilt als Keimzelle des Tourismus in Opatija*

nach **Crikvenica**, dem legeren k.u.k.-Seebad am Kvarner, oder auf eine der verlockend davor im Meer liegenden Kvarnerinseln. Die Insel **Krk** wartet im malerischen Hafenstädtchen **Baška** mit einem der längsten und schönsten Kieselstrände entlang der ostadriatischen Küste auf.

Wer einmal **Lošinjs** 588 m hohen Inselgipfel **Osoršćica** erklommen hat, um den Sonnenaufgang über der Adria zu erleben, wird niemals den Blick über den Traumarchipel vergessen. Und die eleganten romanischen Türme von **Rab** rufen das Bild eines davonsegelnden Viermasters vor Augen. Atemberaubende Taucherparadiese und Segelreviere, tiefe Scampibänke und das Delphinhabitat erstrecken sich zwischen den Kvarner Inseln.

Große Vergangenheit

Aufgrund ihrer zentralen Lage im nordadriatischen Raum sind Istrien und Kvarner seit Menschengedenken ein bedeutender **Begegnungsort**. In kaum einer anderen Region fließen so viele unterschiedliche und doch so vertraute Kulturen auf so engem Raum zusammen.

Die **Illyrer**, in Istrien die Histrer, auf dem Festland des Kvarner und auf seinen Inseln die Liburner, besiedelten als erste die zahlreichen Hügel. Die **Histrer** waren Viehzüchter und Ackerbauern, die überdies meisterhaft die Spinn- und Webkunst beherrschten sowie eimerförmige *situla*-Gefäße herstellten. Die **Liburner** waren vor allem Seefahrer und Schiffsbauer. Auf die Illyrer zurück gehen auch Reste der *gradine*, der steinernen und mit Ringwällen geschützten Rundbauten und Wallburgen, die oft auch zu Hügelstädtchen ausgebaut wurden, und vermutlich auch die für die bäuerliche Landschaft Südistriens so charakteristischen Kuppelhäuschen *kažuni*, die in Trockenmauertechnik errichtet sind und Steinplattendächer besitzen.

Die **Griechen**, über Jahrhunderte rege den ostadriatischen Küstensaum als Seestraße nutzend, gründeten dann etwa in Pula und Osor ihre Handelskolonien.

Für die **Römer**, die die Illyrer im 2. Jh. v. Chr. unterwarfen, wurden die Brijuni-Inseln exklusives Ferienparadies und Istrien bevorzugter Öl-, Wein- und Lammlieferant. Die Eroberer bauten Städte, Tempel, Amphitheater, mosaikgeschmückte *ville urbane* und ländliche *ville rustice*, Latifundien und kaiserliche Sommersitze. Die frühe Hinwendung zum **Christentum** in den Städten ist durch die einmalige frühbyzantinische Basilika in Poreč, durch die Umwandlung von Tempeln in romanische Kirchen dokumentiert.

Auch die **Slawen**, die sich aus der Sklaverei der Germanen befreit hatten, entdeckten bald Istrien und die Kvarner Region. **Kroaten** zerstörten dann zusammen mit den Awaren einige romanisierte Küstenstädte. Sie waren Bauern und Viehzüchter, bauten in Istrien *stancije*, oft noch heute erhaltene einsam stehende Bauernhöfe, auf der Insel Krk typische Kirchlein und kämpften über Jahrhunderte um ihr Dasein. Hinterlassenschaften in Glagoliza, der kirchenslawischen Schrift, sind bemerkenswerte Zeugnisse ihrer altehrwürdigen Kultur. Die **Venezianer**, die die ostadriatische Küste im

13. Jh. eroberten und einen großen Teil Istriens ihrer *Terra ferma* anschlossen, hinterließen schöne Palazzi und ihre entspannte Lebensart.

Als das **Haus Habsburg** im 15. Jh. seine Macht an die Adria ausdehnte, wurde Istrien zum Zankapfel zwischen ihm und der Serenissima (Venedig). Kaiser Franz Joseph I. verwirklichte im Kvarner Golf, in Pula, Opatija und Rijeka im 19. Jh. seine Sehnsüchte nach der Seeherrschaft.

Und schließlich im 20. Jh. die Jahrzehnte unter **Tito**: Die Hinwendung zum Badetourismus an der in den 70er- und 80er-Jahren boomenden Schlaraffenküste wird durch Ferien- und Campinganlagen, Badehotels sowie unzählige private Restaurants und gastfreundliche Pensionen, Jachthäfen und westlichen Standard präsent. **Deutschland** war die Urlaubernation Nummer eins. Die **Slowenen** erfüllten sich ihren Traum vom Sommerhaus am Meer. Die **italienische** Bevölkerung bekam Minderheitsrechte.

Links oben: *Lovran lädt im Herbst zum Maronenfest*

Links Mitte: *Im siebten Muschelhimmel schwebt man am Limski zaljev*

Links unten: *Die tollsten Maskeraden findet man beim ›Internationalen Karneval Rijeka‹*

Oben: *Fischermole von Baška auf Krk mit Blick aufs Festland*

Unten: *Hotel vom Feinsten – das 1884 in Opatija eröffnete ›Kvarner‹*

Doch Anfang der 90er-Jahre des 20. Jh. blieben die Touristenströme wegen des Krieges in Ostkroatien und Bosnien auch in Istrien und Kvarner aus. Nach Beendigung der Kampfhandlungen ist der Tourismus seit 1995 allerdings wieder ein wichtiges Standbein. Vor allem **Badeurlauber** schätzen das kroatische Meer, das heute als das sauberste im gesamten Mittelmeerraum gilt. Man setzt in Istrien und Kvarner auf gefällig renovierte Altstädte und Hotelanlagen, gepflegte Strände, unter Schutz stehende Naturschönheiten und ein umfangreiches **Freizeitangebot**. 2001 besuchten fast 3,6 Mio. ausländische Gäste Kroatien, davon 2,2 Mio. Istrien und etwa 1,4 Mio. Kvarner. Davon waren 1,3 Mio. Deutsche und Österreicher, von denen 800 000 in Istrien und 500 000 im Kvarner Urlaub machten.

Der Reiseführer

Dieser Band stellt die kroatischen Urlaubsregionen Istrien und Kvarner in neun Kapiteln vor. Zunächst werden Städte, Küstenregionen und Landschaften der **Halbinsel Istrien** beschrieben. Der Abschnitt über Nordistrien leitet zur Stadt **Rijeka** über. Die folgenden beiden Kapitel beschäftigen sich mit der Festlandküste des **Ostkvarner**. Der letzte große Abschnitt ist den **Kvarner Inseln** Krk, Cres, Lošinj, den Lošinjer Inseln und Rab gewidmet. **Übersichtskarten** und **Stadtpläne** erleichtern die Orientierung. Die **Top Tipps** bieten Empfehlungen für Hotels, Restaurants, Museen etc. Den Besichtigungspunkten sind **Praktische Hinweise** mit Tourismusbüros sowie Hotel- und Restaurantadressen angegliedert. Der **Aktuelle Teil** bietet Nützliches von Informationen vor Reiseantritt über Essen und Trinken bis zu Verkehrsmitteln. **Kurzessays** runden den Reiseführer ab. Hinzu kommt ein ausführlicher **Sprachführer**.

Geschichte, Kunst, Kultur im Überblick

12 000–10 000 v. Chr. Die Bucht von Rijeka füllt sich durch das Ansteigen des Meeresspiegels auf; es entstehen die Kvarner Inseln und die Brioni-Inseln.

6000–2000 v. Chr. Funde ungebrannter und verzierter Keramik auf den Inseln Cres, Lošinj und Krk sowie in Istrien weisen auf rege Beziehungen zur Danilo- und Hvar-Kultur in Dalmatien, zu mittelmeerischen und norditalischen Kulturen und zur Ljubljana-Kultur hin.

um 1200 v. Chr. Indoeuropäische Illyrer aus Mitteleuropa wandern ein. Die Liburner siedeln auf dem kvarnerischen Festland und auf den Kvarner Inseln, die Japoden bleiben im Hinterland. Die Histrer bevölkern die nach ihnen benannte Halbinsel Histria. Zentrum ist Nesactium (Nezakcij) bei Pula.

um 500 v. Chr. Osor auf der Insel Cres und die istrische Stadt Pula gehen auf griechische Gründungen zurück. Histrer und Etrusker pflegen einen intensiven Austausch.

ab 500 v. Chr. Keltische Karnier fallen auf der Halbinsel Istrien ein. Im Norden mischen sie sich mit den Histrern.

228 v. Chr. Die Liburner, ein inzwischen im ganzen Mittelmeerraum bekanntes Seevolk und berüchtigte Seeräuber, gelangen unter römischen Einfluss.

Kaiser Augustus erklärt 14 n. Chr. Istrien zur Provinz ›Venetia et Histria‹

221 v. Chr. Die Römer greifen das erste Mal die Histrer an.

220 v. Chr. Die Histrer schließen mit Rom einen Vertrag, der die histrische Souveränität, gegenseitiges Nichtangreifen und freie Fahrt für römische Schiffe entlang der istrischen Küste garantieren soll.

178/177 v. Chr. Der Krieg zwischen Römern und Histrern um Istrien bricht aus. Konsul Gaius Fabius Buteon zerstört die histrische Metropole Nesactium sowie Mutila und Faverium in Südistrien und unterwirft rund 120 000, nach anderen Quellen sogar 160 000 Histrer.

44–31 v. Chr. In Südistrien wird die römische Colonia Pollentia Herculanea gegründet.

30 v. Chr. Octavian (der spätere Kaiser Augustus) verkündet die ›Pax romana‹. Diese Friedenspolitik lässt an der nordostadriatischen Küste zahlreiche Städte entstehen. Poreč, Buje, Pula, Krk und Rab erleben ihre erste Blüte.

ab 14 n. Chr. Die Illyrer romanisieren sich. Kaiser Augustus erklärt Istrien als ›Venetia et Histria‹ zur römischen Provinz. Die Grenze zwischen den nordostadriatischen römischen Provinzen ›Venetia et Histria‹ und ›Liburnia‹ verläuft am Fluss Arsa (Raša). Tiberius' ostadriatische Provinz ›Illyricum‹ umfasst mal ganz Istrien, mal nur die Ostküste Istriens bis zum Fluss Raša. Pula (Pietas Julia) ist bis 476 n. Chr. das administrative Zentrum Istriens mit zeitweise über 30 000 Einwohnern. Unzählige Prachtbauten, Tempel und das Amphitheater entstehen.

79–81 Unter Titus wird das Amphitheater in Pula vollendet.

ab 250 Die Kaiser illyrischer Abstammung – Decius, Gothicus, Aurelian, Probus, Diokletian, Konstantin I. und Valentinian I. – herrschen über das Römische Reich, zu dem Istrien und Kvarner Golf immer noch gehören.

395 Das Römische Reich zerfällt in Westrom (Hauptstadt Mailand, ab 404 Ravenna) und Ostrom (Hauptstadt Konstantinopel). Istrien und der Kvarner Golf kommen zu Westrom.

476 Das Weströmische Reich ist am Ende. Der Germane Odoaker setzt den letzten weströmischen Kaiser Romulus Augustulus ab.

539 Istrien fällt an das Byzantinische Reich.

553 Bischof Euphrasius lässt in Poreč die grandiose byzantinische Basilika errichten.

588 Die Langobarden fallen in Istrien ein; ihr Zentrum soll Novigrad sein.

598 Slawen und Awaren drängen ins byzantinische Reich.

ab 600 Friedliche slowenische Hirten werden auf dem Karstplateau Kras oberhalb von Triest sesshaft. Kroaten lassen sich auf dem Kvarner Festland, auf den Kvarner Inseln und in Nordistrien nieder.

796–803 Nach dem Krieg Karls d. Großen gegen die Awaren und Kroaten gerät das nordostadriatische kroatische Gebiet unter fränkische Herrschaft.

875 Die Slawenapostel Kyrill und Method beginnen mit der Christianisierung Istriens und des Kvarner Golfs und verbreiten die Schrift Glagoliza.

Ab 925 Die Kvarner Region gehört bis zum Fluss Raša zum Kroatischen Königreich.

952 Istrien kommt zum Herzogtum Bayern und später zum Herzogtum Kärnten.

1000 Der Doge Orseolo besetzt Osor. Die Seehandelsrepublik Venedig versucht auf den ostadriatischen Inseln, in Istrien und in Dalmatien Fuß zu fassen.

um 1040 Inneristrien wird zur eigenen deutschen Markgrafschaft erhoben.

um 1100 Auf Krk wird die Baščanska ploča verfasst. Sie ist das älteste erhaltene kroatische Dokument.

1102 In Biograd na moru in Dalmatien wird der ungarische König Koloman zum kroatischen König gewählt. Beginn der Personalunion zwischen Ungarn und Kroatien.

1177 Vor dem Kap Savudrija findet die Seeschlacht zwischen den Venezianern und dem Flottenverbund von Kaiser Friedrich Barbarossa und Papst Alexander III. statt.

1180 Die Venezianer greifen Pula an.

Eines der größten Amphitheater des römischen Imperiums wurde im 1. Jh. in Pula errichtet

1230 Die friaulischen Patriarchen von Aquileia erhalten die Markgrafenwürde in Istrien und regieren z. B. in Poreč und Labin.

1267 Poreč wird als erste westistrische Küstenstadt venezianisch.

1288 Das frankopanische Fürstentum Vinodol wird per Gesetz bestätigt.

ab 1347 Pazin (Mitterburg) und die umliegenden Ländereien geraten als Grafschaft an das Haus Habsburg. Die Hügelstädtchen in Inner- und Nordistrien werden zu venezianisch-österreichischen Grenzfesten ausgebaut.

1358 Im Frieden von Zadar muss Venedig die eroberten ostadriatischen Städte und die Insel Cres an den ungarisch-kroatischen König Ludowig I. abgeben.

1430 Dem kroatischen Fürsten Nikola IV. Frankopan wird vom Papst der römische Adelsstand bestätigt.

1471 Flumen St. Veit (Rijeka) fällt an das Haus Habsburg.

1480 Krk kommt als letzte ostadriatische Insel an Venedig.

1520 In Labin wird der evangelische Theologe Matthias Flacius Illyricus geboren.

16. Jh. Vermehrte Türkeneinfälle in Istrien.

1527 Die Habsburgerdynastie kommt auf Beschluss des kroatischen Parla-

k. und k.-Monarch Franz Joseph I. war einer der ersten Kvarner-Touristen

ments auf den kroatischen Thron. Damit ist besiegelt, dass die Kroaten die Habsburger (bis Ende des Ersten Weltkriegs) als ihre Vertreter betrachten.

1615–17 ›Uskokenkriege‹ genannte Kämpfe zwischen Venedig und Österreich an der Nordadria. Die Uskoken kämpfen auf österreichischer Seite.

1671 Nach der ungarischen Magnatenverschwörung wird das Fürstentum Vinodol der kroatischen Fürsten Frankopani und Zrinski vom Wiener Hof konfisziert.

1719 Der habsburgische Kaiser Karl VI. setzt auf den Seehandel und erklärt Triest und Rijeka zu Freihäfen.

Um die Jahrhundertwende – Plauderpause beim Kurkonzert in Opatija

1740–80 Kaiserin Maria Theresia regiert die habsburgischen Erbländer und damit auch Inneristrien und das Kvarner Festland. 1779 übergibt sie Rijeka, Buccari (Bakar) und Porto Re (Kraljevica) offiziell an Ungarn.

1797 Napoleon besetzt Venedig. Österreich tritt das venezianische Erbe in Istrien und im Kvarner an.

1805 Napoleon bemächtigt sich einiger ostadriatischer Gebiete und gliedert sie Italien an.

1809–14 Napoleon fasst Teile Kärntens und Sloweniens (Krain), Triest, Istrien und das damalige Dalmatien zu den illyrischen Provinzen zusammen.

1815 Das österreichische Jahrhundert an der ostadriatischen Küste beginnt.

ab 1850 Pula wird zum Zentralhafen der späteren k.u.k.-Marine ausgebaut.

1861 In Poreč konstituiert sich das Istrische Parlament, dessen Autonomie von den Habsburgern anerkannt wird.

1867 Die österreichisch-ungarische Doppelmonarchie wird gegründet, die k.u.k.-Glanzzeit an der Adria beginnt.

1884 Die für den Tourismus im Kvarner bahnbrechende Wiener Südbahn erreicht Opatija-Matulji.

1894 Der österreichische Kaiser Franz Joseph I. und der deutsche Kaiser Wilhelm II. treffen sich zu Gesprächen in Opatija.

1914–18 Im Ersten Weltkrieg finden in Istrien und im Kvarner selbst keine Kämpfe statt.

1918 Das Königreich der Serben, Kroaten und Slowenen (S.H.S.) entsteht.

1919/1920 Istrien kommt mit den Inseln Cres und Lošinj zu Italien, das übrige Gebiet der Kvarner Region gehört zum Königreich S.H.S. Rijeka wird 1924 zwischen Italien und S.H.S. geteilt.

1929 Aus S.H.S. wird das Königreich Jugoslawien unter dem Serben-König Alexander Karadjordjević, der eine Diktatur einrichtet.

1934 In Marseille ermorden die illegalen Ustaša des Ante Pavelić zusammen mit den makedonischen Nationalisten König Alexander.

1941 Einmarsch von deutschen und italienischen Truppen ins Königreich

Josip Broz Tito lenkte 1945–80 die Geschicke des Vielvölkerstaates Jugoslawien

Hunderte von Flüchtlingen aus Bosnien finden 1992 in Rijeka Unterschlupf

Jugoslawien, das sofort kapituliert. Der Unabhängige Staat Kroatien (NDH) des mit Faschisten und Nationalsozialisten kollaborierenden Ante Pavelić entsteht.

1943 Die kommunistische Volksbefreiungsarmee des Widerstandskämpfers Josip Broz Tito gewinnt im Kampf gegen den Faschismus die Oberhand.

1945 Tito wird erster Ministerpräsident Jugoslawiens.

1947 Die italienisch besetzten istrischen Gebiete südlich der Mirna fallen an Jugoslawien. Ein Großteil der dortigen italienischen Bevölkerung siedelt nach Italien über.

Der kroatische Präsident Franjo Tuđman im Mai 1995 bei einem Besuch in Bonn

1954 Der Freistaat Triest fällt an Italien, die südliche Zone B bleibt bei Jugoslawien. Grenze zwischen Slowenien und Kroatien ist die Dragonja.

1980 In Ljubljana stirbt am 4. Mai Josip Broz Tito.

1980–90 Billigurlaub lockt Millionen von Urlaubern an die ostadriatische Küste.

1991 Kroatien und Slowenien erklären jeweils ihre Unabhängigkeit.

1992–95 Der Badetourismus kommt wegen der militärischen Auseinandersetzungen im dalmatinischen Hinterland fast ganz zum Erliegen. Angriffe der jugoslawisch-serbischen Armee auf die dalmatinischen Küstenstädte und die Auswirkungen des Bosnien-Konflikts auf Istrien und Kvarner finden weltweite Beachtung.

ab 1995 Franjo Tuđman (HDZ) wird bei den zweiten Parlamentswahlen in Kroatien in seinem Amt bestätigt. Die kroatischen Urlaubsregionen Istrien, Kvarner und Dalmatien etablieren sich wieder auf dem Tourismusmarkt.

2000 Stipe Mesić wird nach dem Tod Tuđmans neuer kroatischer Präsident.

2001 Ein neuer Touristenrekord wird verzeichnet: 3,6 Mio. ausländische Urlauber besuchen Kroatien, davon rund 1,3 Mio. aus Deutschland und 800 000 aus Österreich.

2002 Zum ersten Mal findet der istrische Trüffelherbst mit kulturellen und kulinarischen Veranstaltungen rund um das ›weiße Gold‹ aus dem Mirnatal statt.

Sehenswürdigkeiten

Die Westküste – Badeparadiese und pittoreske Städte

Äußerst abwechslungsreich ist die 160 km lange, weit ins Meer hinaus reichende, unglaublich zerklüftete **Felsküste** Westistriens, die vom Rt Savudrija bis Rovinj reicht. Viele **Landzungen** mit modernen Badezentren im mediterranen Grün, mit Fischerdörfern als Sommerdomizile, mit Hotel- und Campinganlagen und mit einer Handvoll zauberhafter alter ›**venezianischer**‹ **Seestädte** kennzeichnen diese Region. Eine reizvolle, aber viel befahrene **Küstenstraße** verbindet **Savudrija** mit dem Touristenmagneten **Umag** und dem charmanten Badeort **Novigrad** sowie das kunsthistorisch so interessante **Poreč** mit der ›Marmorstadt‹ **Vrsar**. Um die ›Adriaperle‹ **Rovinj** zu erreichen, muss man den tief ins Land eindringenden Fjord **Limski zaljev** auf der **Istrienmagistrale E 751** umgehen. Auch von ihr zweigen immer wieder Straßen zu den westistrischen Badezentren ab.

1 Rt Savudrija

Erholung und Badevergnügen an der Felsküste um den alten Leuchtturm.

An der Kreuzung bei Plovanija, oberhalb des slowenisch-kroatischen Grenzübergangs Sečovlje, führt eine Straße von der E 751 durch eine ländlich-einsame Landschaft mit Eichenwäldern zum **westlichsten Kap** Istriens, dem Rt Savudrija. Als *Sommerfrische* und *Ausflugsziel* ist diese Region mit ihren noch abgeschiedenen Winkeln, einigen idyllisch in Parks gelegenen alten Villen und neuen Feriendörfern seit eh und je vor allem bei Besuchern aus dem nahen Slowenien und aus Triest beliebt.

An der steileren Nordküste, die das Piranski zaliv südlich begrenzt, liegt inmitten von sattem Grün und Ginstergelb **Kanegra**, die erste Feriensiedlung mit Apartments und FKK-Camping. Beeindruckende Blicke bieten sich von hier aus über die einst größten Salinen Istriens bis hinüber nach Piran in Slowenien.

Der 36 m hohe, 1826 erbaute runde *Leuchtturm* an den Felsklippen in **Bašanija** ist Wahrzeichen des Kaps mit seinen weit verstreut liegenden kleinen Orten. Zur *Johanneskirche* (11. Jh.) im alten Fischerhafen mit Gasthaus nördlich vom Leuchtturm führt ein schöner Uferweg, auf dem man Rad fahren oder wandern kann. Die Mauerreste im Meer südlich von Zambratija am FKK-Strand von Katoro [s. S. 20] gehören zu den versunkenen alten Kapsiedlungen *Silbio* und *Sipar*.

Praktische Hinweise

Tel.-Vorwahl Istrien: 052

Information: Turistička zajednica, Bašanija, Istarska, Tel. 75 96 59, Fax 75 98 55

Hotels

*** **Miro**, Plovanija, Tel./Fax 77 70 50. Das kleine Bed & Breakfast-Haus an der E 751 bietet modernen Komfort.

*** **Savudrija**, Ravna dolina, Tel. 75 99 05, Fax 75 99 07, Internet: www.appsaudrija.hr. In frischem Glanz erstrahlt diese Sommervilla mit Apartments und Meeresrauschen.

Restaurants

Bruno, Bašanija, Istarska, Tel. 75 95 92. Empfehlenswert ist dieses große Lokal an der Küstenstraße vor allem wegen seiner Hummer-, Fisch- und Nudelgerichte.

Konoba Buščina, Buščina 18, bei Marija na Krasu, Tel. 73 20 88. Gute Adresse für *peka*-Lammbraten, Wild- und Trüffelgerichte (12–24 Uhr, Mi geschl.).

Vorhergehende Doppelseite: *Wenn Urlaubsträume wahr werden – Sandstrand-Paradies Lopar im Norden der Insel Rab*

Man sieht's auf diesem Bild deutlich – auch die Nächte sind nicht grau in Umag, sondern äußerst stimmungsvoll

2 Umag

Alter venezianischer Wein- und nobler Jachthafen mit sommerlichem Badetrubel und internationalem Tenniszentrum.

Das sattrote, weite Flachland im westlichsten Winkel Istriens zwischen Rt Savudrija, Buje und Novigrad, die **Bujština** [s. S. 37] – die man auf einer Weinstraße erkunden kann –, ist die Kornkammer und das größte Weinanbaugebiet Istriens, das lebhafte Umag ihr Zentrum. Gleichzeitig ist der Ort, dessen Altstadt sich so malerisch auf einer schmalen Landzunge ausbreitet, mit seinem umfassenden Freizeitangebot Touristenmagnet Nummer eins an der 30 km langen **Riviera Umag – Novigrad**, die auf 50 000 Aktivurlauber eingerichtet ist.

Bitte alles einsteigen! – das Bimmelbähnchen startet in Umag zu einer Spazierfahrt am Meer entlang

Im frühen Mittelalter gehörte Umag – damals noch Insel – zu den Besitztümern des Bischofs von Triest. Er ließ das Städtchen mit Mauern und Türmen befestigen, die z. T. noch heute erhalten sind. Auch das Gebäude, in dem das Heimatmuseum untergebracht ist, war einst in die hohe Stadtmauer integriert. Im 14. Jh. wurde der seit 1268 unter venezianischer Herrschaft stehende Weinhafen von den Genuesen abgebrannt.

Ab 1797 österreichisch, ab 1918 italienisch und 1945–53 Teil der B-Zone des Freistaates Triest, fiel Umag erst 1954 zusammen mit der slowenischen Küste und Novigrad an Jugoslawien. Bald darauf wurden die heute größtenteils modernisierten Feriensiedlungen erbaut.

Die hübsche Hauptgasse *Garibaldi* mit ihren Eis-Cafés verbindet die im Schatten von Platanen stehende **Rochuskapelle** von 1514 und die am Hafenplatz gelegene barocke **Pfarrkirche der hl. Maria** mit ihrem Campanile von 1691. Letztere besitzt ein venezianisches Polyptychon (15. Jh.) und Deckenbilder eines unbekannten Friauler Malers. Durch enge, verwinkelte Gassen mit Souvenirläden und Bars geht es weiter zum kleinen **Stadtmuseum** (Gradski muzej, Di–So 10–12 und 18–21 Uhr) am Molo. Im Erdgeschoss befindet sich ein Lapidarium, im ersten Stock werden römische Funde und unter dem Dach ein Schiff voller vom Meeresgrund geborgener Amphoren eindrucksvoll präsentiert. Im Gebäude des Cafés und Restaurants Dante [s. u.] ist auch die **Galerija Marino Cettina** beheimatet, eine der besten Galerien moderner Kunst in Kroatien.

Die in der Saison bunt-belebte **Hafenpromenade** am Westkai ist Anlegestelle für Ausflugsschiffe, mit denen man die gesamte Westküste erkunden kann. Am Kai ist auch die Haltestelle des *Touristenbähnchens*, das zu einer luftigen Spazierfahrt entlang der Riviera zum Rt Savudrija einlädt.

Dicht an dicht reihen sich hier die Jachthafenspitze **Punta** mit Hotels und Freilichtkino, das moderne Bade-, Freizeit- und Shoppingcenter **Stella Maris** mit Tenniszentrum, Beach-Volleyball-Feld, Wasserrutsche und Reiterhof, die Ferienanlage **Katoro** mit dem Tanztempel Mon Plaisir und FKK-Strand.

Ob in der Niki-Pilič-Schule oder beim **ATP Croatia Open** im August, in Stella Maris wird fast das ganze Jahr über *Tennis* gespielt. Nachmittags lässt der Maestral das Herz von Surfern und Seglern höher schlagen. Eine Weinstraße, Wanderwege und Bikerrouten führen von Umag quer über Savudrija und Bujština in die hügelige Ober-Bujština und ins mittlere Mirna-Tal [s. S. 37].

Hotel Kristal am Molo in Umag – der Tag beginnt hier mit einem wunderbaren Frühstücksbuffet

Praktische Hinweise

Tel.-Vorwahl Istrien: 0 52

Information: Turistička zajednica, Obala J. B. Tita 3/II, Tel. 74 13 63, Fax 74 16 49, Internet: www.istra.com/umag

Hotels

**** **Kristal**, Umag, Obala J. B. Tita 9, Tel. 70 00 00, Fax 70 04 99, Internet: www.hotel-kristal.com. Das elegante, komfortable Stadthotel am Molo offeriert ein exzellentes Frühstücksbuffet und Erlebnisgastronomie.

*** **Sol Etite Koralj**, Kataro, Tel. 70 10 00, Fax 70 19 99. Das beste Badehotel der Riviera von Umag liegt inmitten eines Pinienparks.

Restaurants

Allegro, im Hotel Kristal, Tel. 70 00 00. In dem gehobenen Fischrestaurant werden Krebsspezialitäten und anspruchsvolle Weine serviert.

Dante, Umag, D. Alighieri 20, Tel. 75 29 17. Zur feinen istrisch-italienischen Küche – u. a. Carpaccio, Risotto mit Trüffeln und Tagliuzzato – werden erlesene Weine serviert (geöffnet 18–1 Uhr). Angegliedert ist die gleichnamige Cafébar, in der man sich gern zum Cappucchino trifft.

Istra, Umag, Obala J. B. Tita, Tel. 70 00 71. Gar köstlich munden hier die Seezunge in Orangensauce, der flambierte Rehbraten sowie die ausgezeichneten Weiß- und Rotweine.

Laguna, Stella Maris, Tel. 74 10 51. Typisches Sommerrestaurant an der Badebucht mit umfangreicher Speisekarte.

3 Novigrad

Hinreißende Badedörfer und ein charmantes Meerstädtchen nahe der Mirna-Mündung

Südlich des größten ostadriatischen Campingplatzes, **Ladin gaj**, stößt man an der Bucht von Dajla auf die Sommerhaussiedlungen **Karigador** und **Dajla**. Das jahrhundertelang von griechischen Benediktinermönchen bewohnte *Kloster Dajla* wurde im 19. Jh. von der Familie Grisoni zum Herrensitz im für Istrien einmaligen Stil des französischen Historismus umgebaut. Die Anlage ist heute verwildert.

Die letzten Strahlen der untergehenden Sonne tauchen das Wasser der Mirna-Mündung Antenal in goldenes Licht

Nach der Abzweigung zur piniengesäumten Landzunge *Karpinjan* mit flachen Felsstränden erblickt man von der Küstenstraße aus die am Westende des Tarski zaljev hübsch gelegene, im Sommer autofreie **Altstadt** von Novigrad. Südlich der Hauptkreuzung liegen an der Küstenstraße die Badehotels und der Campingplatz. Die lange Zufahrtsstraße **Murvi** wird von zahlreichen Gartenlokalen, einem kleinen Obst- und Gemüsemarkt sowie von Touristenbüros gesäumt. Alt-Novigrad strahlt überall einen behaglichen Charme aus, am Jacht- und Fischerhafen **Mandrač** mit beliebten Fischrestaurants, auf kleinen Plätzen und Meerterrassen, in den hübschen Stadthotels und schattigen Parks. An lauschigen Sommerabenden sollte man ringsum auf dem Uferweg spazierengehen. Turbulenter ist es dann im August, wenn in Novigrad die ›Heineken Jazz & Soul‹-Abende stattfinden.

Als *Civitas Novum* wurde der Ort von den Römern neu gegründet, nachdem die griechische Seefahrersiedlung versunken war. Ab dem 6. Jh. fanden hier die Emoner, die römischen Ljubljaneser, Zuflucht und gaben dem Ort den Namen *Emonia*. *Neopolis* war von 520 bis 1831 Bischofssitz und diente ab 1270 den Venezianern als Ausfuhrhafen für das begehrte Holz aus dem Motovuner Wald.

Beachtlich sind die zinnenbekrönten Mauern mit einer gotischen **Loggia**, zwei runde **Wehrtürme** und der **Palazzo Rigo** in der Velika ulica. Ihn schmücken schön verzierte Fenster und ein Portal im Stil der venezianischen Gotik. Die hier untergebrachte Art-Galerie hütet auch ein kleines Lapidarium.

Auf dem Veliki trg steht die im 7. Jh. errichtete und im 18. Jh. teilweise barockisierte **Pelagius-Basilika** mit einem Campanile aus dem Jahr 1883. Sie birgt in ihrem Inneren eine kleine gewölbte, von Säulen unterteilte spätromanische Krypta mit Lapidarium – in Istrien eine absolute Seltenheit.

Südlich von Novigrad überquert die Küstenstraße auf einem langen Deich **Antenal**, die sumpfige, schilfbewachsene Mündung der **Mirna**, die einer großen Zahl von Vögeln Lebensraum bietet.

Praktische Hinweise

Tel.-Vorwahl Istrien: 0 52

Information: Turistička zajednica, Porporella 1, Tel./Fax 75 70 75, Internet: www.istra.com/novigrad

Hotels

TOP TIPP *** **Cittar**, Prolaz venecija 5, Tel. 75 77 37, Fax 75 73 40. Kleines, gut geführtes Haus mit nur 14 Zimmern hinter der venezianischen Mauer. Restaurant mit Meeresspezialitäten, lauschige Terrasse.

*** **Pension Torci 18**, Torci 34, Tel. 75 71 74. Nettes Haus mit Restaurant. Istrische Küche, Öl- und Weinverkauf im Haus.

*** **Rotonda della Rivarella**, Rotonda 8, Tel. 75 86 07. Angenehmes Hotel mit 35 Zimmern an der südlichen Meerespromenade; Fischrestaurant auf der Dachterrasse.

Camping

Ladin gaj, südlich von Umag, nahe Lovrečica und Karigador, Tel. 75 63 03, Fax 75 62 30. Ideal für große Wohnmobile, doch wenig Schatten. Restaurants, Tennisplätze, FKK-Strandbereich.

Restaurants

Date Vela Ventis, Veliki trg, Tel. 75 84 55. Das Spezialitätenlokal am Hauptplatz serviert neben Fisch- und Muschelgerichten auch Steaks.

Taverna Sergio, Šaini 2 a, Tel. 75 77 14. Brodet, Bandnudeln mit Hummer, Grillgerichte auf toller Terrasse.

Točionica vina, Mandrač 18, Tel. 72 60 60. Rustikales Weinlokal, in dem edler Rebensaft aus Fässern und in Flaschen ausgeschenkt wird. Feines Olivenöl wird ebenfalls verkauft.

Grandios ist der Blick über die zauberhafte Altstadt von Poreč mit der imposanten Euphrasius-Basilika und ihrem Glockenturm

4 Poreč und die Riviera von Poreč

Plan Seite 24

Das turbulenteste Urlaubszentrum Istriens mit einer wunderschönen Basilika und 70 km langer Pinienküste.

Die **Riviera Poreč – Vrsar** präsentiert sich mit piniengesäumten Landzungen und blaugrünen Lagunen, mit vorgelagerten Inselchen und bizarr zerklüfteten Marmorklippen. Sie reicht von der Halbinsel Lanterna am Tarski zaljev bis zur FKK-Anlage Koversada am Limski zaljev. Ihr absoluter **touristischer ›Renner‹** – und der ganz Istriens – ist das bildschöne Poreč.

Ein Dutzend untereinander und zur Stadt angenehme Distanz wahrende, freundliche Badezentren direkt am Meer und das Umland, die Poreština, eine liebliche Wein- und Olivenanbauregion, halten im Sommer Unterkünfte für 100 000 Gäste bereit. Eine **Info-Rezeption** macht bereits an der Küstenstraße bei Tar auf die Angebotsvielfalt aufmerksam.

Allabendlich füllt sich das tagsüber vom Touristenrummel weitgehend verschonte Poreč mit Leben. Das Städtchen liegt auf einer kilometerlangen Landzunge und ist wegen seiner byzantinischen Basilika kunsthistorisch bedeutsam.

Geschichte Die Landzunge und ihr Umland waren bereits von den **Histrern** besiedelt. Bis heute erhalten in Alt-Poreč ist

Beim Flanieren auf Porečs palmenbestandener Riva am blitzblauen Meer stellt sich die mediterrane Urlaubsatmosphäre wie von selbst ein

das Straßenraster des römischen **Parentium**, das ab dem 2. Jh. v. Chr. *castrum*, zur Zeit Oktavians *municipium* und im 1. Jh. v. Chr. unter Tiberius *colonia* war. Nach der Teilung des Römischen Reiches fiel Poreč 395 an Ostrom. Aus der **byzantinischen Epoche** (539–788) stammt eines der schönsten frühbyzantinischen Bauwerke Europas: die Euphrasius-Basilika.

788 fiel Poreč in **fränkische** Hand, ab dem 11. Jh. war es **autonom**, ab 1232 im Besitz der **Patriarchen von Aquileia** und schon 1267 als erste istrische Stadt **venezianisch**. Als die Serenissima mit Genua um die Vormachtstellung auf dem Meer kämpfte, wurde Poreč 1354 von den Genuesern verwüstet, die auch die Reliquien des hl. Maurus, des Schutzpatrons der Stadt, raubten. Erst 1934 kehrten diese wieder an ihren angestammten Platz in die Euphrasius-Basilika zurück. Vom 15. bis zum 17. Jh. hatten die Bewohner unter Seuchen sowie unter den Überfällen der Türken und der Senjer Uskoken zu leiden.

Die schlechte Wirtschaftslage besserte sich erst unter **österreichischer Herrschaft** (1797–1918), die zu Beginn des 19. Jh. nur kurz von Napoleons Zwischenspiel in Istrien unterbrochen wurde. Ab 1861 war Poreč istrische **Hauptstadt** und Sitz des *Istarski sabor*, des Landesparlaments der österreichisch-ungarischen Monarchie. Bald entdeckten auch die sonnenhungrigen **k.u.k.-Aristokraten** und ganz ›gewöhnliche‹ Touristen die hübsche Stadt mit der vorgelagerten Insel.

1918–43 in **italienischer** Hand und 1944 von den Alliierten bombardiert, kam Poreč 1945 zu **Jugoslawien**. Der Bettenboom in den Lagunen zu beiden Seiten der Landzunge fand in den 70er- und 80er-Jahren des 20. Jh. statt.

Besichtigung Zwischen dem modernen Shoppingcenter oberhalb der Küstenstraße und der autofreien Altstadt gibt es große *Parkplätze*. Aus den nahegelegenen Badezentren führen schöne **Fußwege** am Meer entlang in die Stadt.

Herrlich ist die palmenbestandene **Riva** ❶ am Ausflugshafen mit nobler Marina am Südrand, dem klassizistischen Stadtpalast vom Anfang des 20. Jh., einem Kaffeehaus und freundlichen Hotels mit buntbedachten Schanigärten. Die Riva geht an ihrem westlichen Ende über in die **Obala** ❷, den Uferweg längs der Stadtmauer (13.–15. Jh.).

Der palazzigesäumte **Decumanus** ❸ durchquert der Länge nach die innerhalb des römischen Castrum im 15. Jh. errich-

tete Stadt vom Hauptplatz Trg slobode bis zum Trg Marafor. Er ist eine der schicksten Flaniermeilen Istriens mit kleinen Läden und zahlreichen Eisdielen. In den links und rechts abzweigenden Gässchen findet man gemütliche Restaurants und Café-Bars. Die **Kula Pietra de Mula** 4 (1474), der Rundturm am Narodni trg, und die hohe pentagonale **Peterokutna kula** 5 (1448) waren einst Teil der mittelalterlichen Festungsmauer. Im barocken **Sinčić-Palast** 6 aus dem 17. Jh., Decumanus 9, wurde 1884 das erste Museum Istriens eröffnet, das *Zavičajni muzej Poreštine* (Heimatmuseum, tgl. 9–12, im Sommer auch 18–22 Uhr). Prähistorische, antike und mittelalterliche Exponate sowie eine ethnographische Sammlung werden hier gezeigt. Stimmungsvoll ist der Hof des dazugehörigen Lapidarium, in dem man tagsüber einen Espresso genießen oder an Sommerabenden Jazzmusikern lauschen kann.

In der Eufrazijeva nördlich des Decumanus trifft man neben dem romanischen Kanonikerhaus (1251) auf das vergoldete Eingangsportal der **Euphrasius-Basilika** 7. Es führt in das harmonische säulengeschmückte **Atrium** [A] des rund 1700 Jahre alten Komplexes der Euphrasius-Basilika, die seit 1997 zum UNESCO-Weltkulturerbe gehört. Westlich liegt das oktogonale überkuppelte **Baptisterium** [B] aus dem 5./6. Jh. mit dem Aufgang zum **Glockenturm** [C] (16. Jh.), von dem man eine überwältigende Aussicht über Poreč und sein Umland hat. An der Nordseite des Atriums und der Basilika (Eingang vom Atrium, ausgeschildert ›Mozaiki‹) schließt sich der älteste, frühchristliche Teil der Basilika mit dem mehrmals veränderten **Bischofspalast** [D] aus dem 6. Jh. an. Heute ist hier ein Lapidarium mit etwa 150 Stücken eingerichtet, von denen vor allem das Christus symbolisierende **Fisch-**

Mosaik [E] aus dem 3. Jh. eine Kostbarkeit darstellt. Von hier aus erblickt man auch die **freigelegten Mosaiken** [F] (3./4. Jh.) außerhalb der eigentlichen Basilika.

Der Basilika, die *Bischof Euphrasius* 543–554 errichten ließ, gingen **drei Bauten** voraus, von denen man sich anhand von Grundmauern und Mosaiken eine gewisse Vorstellung machen kann. Am Anfang stand hier das sog. **Maurus-Oratorium**, angeblich die Hauskapelle des ersten *Bischofs Maurus* im 3. Jh., in der dieser heimlich Gottesdienste abgehalten und im Jahre 303 den Märtyrertod erlitten haben soll. Nach dem Mailänder Edikt von 313 wurde das Oratorium durch Anbauten zur **Domus Ecclesia** erweitert, einer Doppelkirche mit einem oder mehreren Sälen und einem Taufstein. Die **Voreuphrasius-Basilika** aus dem 5. Jh. war eine große apsislose dreischiffige Saalkirche mit einer gemauerten halbrunden Priesterbank im Chor und Bodenmosaiken.

Das helle, in Erdfarben gehaltene **Innere** der Euphrasiana hat ein erhöhtes *Mittelschiff*, das durch zwei Arkadenreihen mit je neun aus Byzanz importierten kunst-

Nicht nur von innen eine Schau – Blick über die rotbraune Dachlandschaft der Euphrasius-Basilika

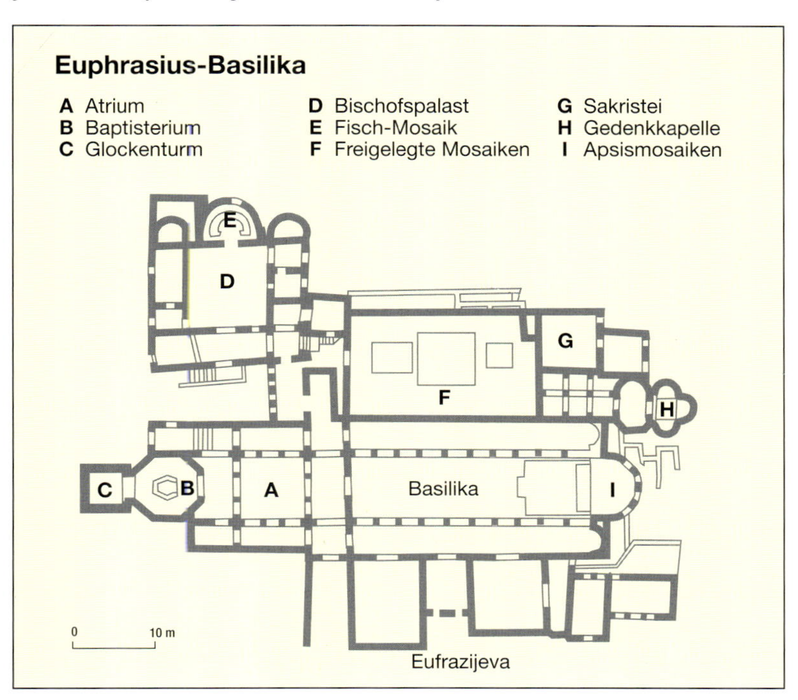

vollen Marmorsäulen von den niedrigeren Seitenschiffen getrennt ist. Die nördlichen Arkadenbögen sind mit feinen geometrischen und pflanzlichen Motiven sowie mit Tierfiguren geschmückt.

Hinter der verschlossenen Tür in der Nordwand befinden sich die **Sakristei** [**G**] mit Freskenresten aus dem 15. Jh. und die kleine **Gedenkkapelle** [**H**] auf dreiblättrigem Grundriss (6. Jh.), bei der es sich vermutlich um das Euphrasius-Mausoleum handelt. Sie beherbergt den 1247 von Benvenuto und Nicola da Ancona angefertigten Sarkophag des hl. Maurus.

Die aus Millionen bunter Edel- und Halbedelsteine sowie Perlmutt zusammengesetzten **Apsismosaiken** [**I**] aus dem 6. Jh. sind der wertvollste Schatz der Basilika. Vermutlich stammen sie von denselben anonymen Mosaizisten wie jene weltberühmten Arbeiten in San Vitale und Sant' Apollinare Nuovo in Ravenna. Die erlesenen, goldglühenden, das glorreiche Überirdische akzentuierenden Darstellungen stehen im ›himmlischen‹ Kontrast zum nüchternen ›irdischen‹ Kirchenraum.

Die sehr feierlich wirkende ›Theoria apostolorum‹ am **Triumphbogen** zeigt Christus auf einem blauen Globus sitzend, flankiert von je sechs stehenden, mit Namen gekennzeichneten Aposteln, darunter zwölf runde Heiligen-Medaillons mit Christus als Agnus Dei im Scheitel.

Blickfang in der vorwiegend in Gold-, Weiß- und Grüntönen gehaltenenen **Hauptapsis** ist die thronende Maria mit dem Jesuskind auf dem Schoß. Sie wird gerahmt von zwei Erzengeln, an die sich rechts drei Märtyrer, links der Archidiakon Claudius, der Bruder des Euphrasius, sein zwei Kerzen haltendender ›kleiner‹ Sohn, Bischof Euphrasius mit dem Basilikamodell im Arm und Bischof Maurus anschließen.

Eine vierzeilige, die Werke des hl. Euphrasius rühmende Inschrift leitet über zu den Mosaiken in der **Fensterzone** der Apsis. Hervorzuheben sind die naturalistisch und detailreich gestaltete ›Mariä Verkündigung‹ links, auf der die Muttergottes mit Strickzeug abgebildet ist, und die ›Mariä Heimsuchung‹ rechts. Ganz deutlich sind die Rundungen der schwangeren Frauenkörper unter ihren leichten Kleidern betont, und das Gesicht des kleinen, den Vorhang zur Seite schiebenden Mädchens spiegelt unverhohlene Neugier.

Die **untere Apsiszone** schmücken farbige geometrische Muster aus Perlmutt, Email, Marmor und Alabaster. Einige der Marmorvertäfelungen stammen aus dem Neptun-Tempel (1. Jh.) vom einstigen Forum Romanum [s. u.]. An der Stirnseite der Apsis ist der marmorne *Bischofsthron* aus dem 4. Jh. zu sehen, der noch aus der Vorgängerkirche stammt.

Das ebenfalls opulent mit Inkrustationen versehene *Marmorziborium* über dem Altar, 1267 von Bischof Oton in Auftrag gegeben, zählt mit seinen Säulen aus dem 6. Jh. und dem vergoldeten Antependium (1452) zu den schönsten Werken seiner Art. Die gelungen inszenierten Verkündigungszenen in den Zwickeln stammen aus venezianisch-byzantinischen Mosaikwerkstätten des 13. Jh. Die Mosaikreste der **Südapsis** zeigen, wie ein jugendlicher Christus die beiden ravennatischen Bischöfe Vitalis und Severus mit einem Lorbeerkranz krönt.

In der **Nordapsis** reicht ein fast feminin wirkender Christus den hll. Ärzten Cosmas und Damian eine Krone.

Wo der von der Riva kommende Cardo Maximus auf den Decumanus trifft und der venezianisch-gotische **Zuccato-Palast** aus dem 14./15. Jh. steht, stößt man auch auf den hübschen **Trg Matija Gupca** 8, auf dem sich in den Sommermonaten vor allem Porträtmaler tummeln. Hinter dem **Romanischen Haus** (13. Jh.) mit Außentreppe und Holzbalkon geht der Decumanus in den **Trg Marafor** 9 über, wo sich einst das 45 × 45 m große *Forum Romanum* befand. Zeugnisse der römischen Vergangenheit sind Säulenreste eines **Neptun-Tempels** aus dem 1. Jh. und eines kleinen **Mars-Tempels** im Park an der Stadtmauer. Nördlich des Platzes, im prachtvollen barocken Festsaal der ehem. **Franziskanerkirche** 10 (13./14. Jh.) mit dem Viereckturm von 1731, tagte das Istrische Parlament im 19. Jh. Seit den 70er-Jahren des 20. Jh. finden hier allsommerlich die eindrucksvoll inszenierten Kunstausstellungen ›annale‹ statt.

Nach einer fünfminütigen Bootsfahrt erreicht man vom Ausflugshafen aus die üppig grüne **Nikolainsel.** Hier findet man den Leuchtturm aus dem Jahr 1402, das neoklassizistische, zum Hotel umfunktionierte Isabellaschloss (1886) und das Badehotel Funtana. Man kann auf diesem Eiland wunderbar spazierengehen oder vor den südlichen Klippen baden.

Daran führt kein Weg vorbei – beim Besuch der Euphrasius-Basilika kann man sich an den märchenhaften byzantinischen Mosaiken (6. Jh.) mit ihren lebendigen Darstellungen biblischer Geschichten erfreuen. Hier ein Ausschnitt mit ›Mariä Heimsuchung‹

Riviera von Poreč

Das 12 km nördlich von Poreč gelegene **Lanterna** ist ein modernes Ferienzentrum mit kompletter Infrastruktur und Sportanlagen im üppigen Immergrün von Pinien und Macchiagewächsen. Die alten Bauerndörfer **Vabriga** und **Tar** sind für ihre Weine – u. a. Malvazija, Borgonja oder Merlot – und ihr Olivenöl bekannt.

Červar-Porat, eine Anfang der 80er-Jahre des 20. Jh. entstandene ›Badestadt‹ mit zahlreichen Ferienwohnungen, Apartmenthotel und Jachthafen, hellen Kieselstränden und kargen Resten des namengebenden römischen *portus cervera*, ist gerahmt von Hainen, in denen die besten Oliven der Welt gedeihen sollen.

An der Straße Poreč – Vižinada kann man nahe dem Dorf Nova Vas die kleine Karstgrotte **Jama Baredine** (Juli/Aug. 9.30–19, Mai–Sept. 10–17, April/Okt. 10–16 Uhr) mit ihren bizarren Stalagmiten und Stalaktiten besuchen. Die Führung durch die 132 m tiefe Höhle dauert 40 Min., unterirdisch beträgt die Temperatur stets 14 °C.

In **Špadići** gruppieren sich um die Šrgulje-Bucht bewährte Badehotels mit Liegewiesen, das Clubhotel Luna, Bungalows und Sportanlagen. Ähnliches gilt für das nur 10 Gehminuten von Poreč entfernte **Pical**.

Brulo, südlich von Poreč, steht ganz im Zeichen der Hotelburgen Diamant, Kristal und Rubin. Über eine ähnlich hohe Bettenkapazität verfügen die **Plava laguna**, die Blaue Lagune, und die **Zelena laguna**, die Grüne Lagune, mit dem Luxushotel Parentium und dem Tanzpalast International Club. Dieses sehr gepflegte Urlaubsrevier bietet umfangreiche Sportmöglichkeiten und überwiegend flache Felsstrände.

Aus dem 7 km südlich von Poreč gelegenen **Funtana**, dem hübschen alten Bauern- und Fischerdorf auf einer kleinen Erhebung, ist ein beliebter Badeort mit einigen Restaurants – auch an der Straße nach Vrsar – geworden.

Praktische Hinweise

Tel.-Vorwahl Istrien: 0 52

Information: Infocenter Poreč, Zagrebačka 9, Tel. 45 12 93, Fax 45 16 65, Internet: www.istra.com/porec

Hotels

**** **Parentium**, Zelena laguna, Tel. 41 15 00, Fax 45 15 36. Exklusives Haus mit Casino und Jachtenmolen.

Bereits Casanova verfiel dem Charme von Vrsar – oder doch eher dem einer Dame aus dieser Stadt? ▷

*** **Galijot**, Plava laguna, Tel. 45 18 77, Fax 45 23 99. Auf einer Landspitze mitten in einem Pinienwald gelegen. Badefelsen, Swimmingpool, Taverne und gemütliche Atmosphäre.

*** **Isabella**, Nikolainsel, Tel. 40 60 00, Fax 45 11 19. Schön schlummern in einem Schlösschen. Und für Sportbegeisterte stehen Tennisplätze zur Verfügung.

*** **Clubhotel Luna**, Špadići, Tel. 45 18 99, Fax 45 14 65. Die nahe der Altstadt gelegene Anlage eignet sich bestens für einen Familienurlaub.

*** **Tamaris**, Lanterna, Tel. 44 30 71, Fax 44 35 00. Entspannte Urlaubsstimmung herrscht in diesem riesigen Resort mit großem Sport- und Vergnügungsangebot.

** **Fortuna**, Nikolainsel, Tel. 40 60 00, Fax 45 11 19. Typisches Badehotel mit einmaligem Blick auf Poreč.

** **Funtana**, Funtana, Tel. 44 50 11, Fax 44 27 99. Vier Pavillons in ländlicher Umgebung mit herrlichem Blick auf die Küste und die Inselchen.

** **Neptun**, Poreč, Riva, Tel. 40 08 00, Fax 43 13 51. Ganzjährig geöffnetes Stadthotel an der Riva mit Dependancen Parentino und Jadran.

Restaurants

Bare, Funtana, Kamenarija 4, Tel. 44 51 93. In dieser Konoba an der Straße nach Vrsar gibt's Fisch auf *peka*-Art.

Gegenüber der Marina von Poreč erspäht man auf dem Inselchen Sv. Nikola das ›Isabellaschloss‹

Cardo Maximus, Poreč, C. Maximus 7, Tel. 45 27 42. Auf der großen Sommerterrasse wird vorzügliche istrische Küche serviert.

Ilona, Poreč-Špadići, Bračka 39, Tel. 43 13 35. Istrische Spezialitäten wie *brodet*, hausgemachte *njoki* und *fuži* stehen auf der Speisekarte.

Istra, Poreč, B. Milanovica 30, Tel. 43 46 36. Spezialität des Hauses: Hummer mit Nudeln.

Marina, Funtana, Ribarska 7, Tel. 44 51 97. Lukullische Fischgerichte: Seebarsch in Salzkruste und gebackene Goldbrasse.

Nostromo, Zelena laguna, Tel. 45 19 17. Mit Blick auf Jachten speist man Flambiertes und Fisch.

5 Vrsar

Malerische Stadt des Marmors und auch Dorado der FKK-Urlauber.

Das einstige Marmor- und Fischereizentrum Istriens liegt einmalig schön auf einer 60 m hohen Landzunge, die zum Teil für den Campingplatz Turist reserviert ist und die man auf dem Uferweg umrunden

kann. Oberhalb des Parks am Nordwesthang befindet sich der **Steinbruch Montraker**. Viele moderne Skulpturen zeugen hier von der alten Tradition Vrsars als **Stadt des Marmors**. Am Südufer, wo sich ein großer Parkplatz befindet, liegt der malerische und lebhafte **Fischerhafen** des Ortes mit hübschen Cafés, Restaurants und Eisdielen.

Von 983 bis 1778 gehörte Vrsar zum Territorium der mächtigen Bischöfe von Poreč, die sich auch ›Comes Vrsariae‹, ›Grafen von Vrsar‹, nannten und in Venedig großes Ansehen genossen. Deshalb zahlte das reiche Vrsar mit Fischrevier im Limski zaljev als einzige venezianische Stadt Istriens auch nie Steuern an die Signoria. 1743/44 hielt sich *Giacomo Casanova* in *Orsera* – wie der Ort zur damaligen Zeit hieß – auf. Das auf jeden Fall verraten seine Memoiren. Nun, die findigen Vrsarer benannten werbewirksam eine Straße nach dem weltberühmten Mann.

Auf dem Uferweg vom Hafen zum Camping Turist erblickt man die kleine romanische dreischiffige **Marienbasilika vom Meer** aus dem 12. Jh.

Ziemlich steil und mit atemberaubenden Ausblicken aufs Meer und die vorgelagerten Inselchen geht es vom Hafen hinauf zur **Pfarrkirche Sv. Martin** (19./20. Jh.) mit dem weißgrau blitzenden Glockenturm aus dem Jahr 1990. Der heitere *Innenraum* besitzt Marmorsäulen mit strengen palmetten- und spiralförmigen Volutenkapitellen sowie Wandgemälde des Rovinjer Künstlers Antonio Macchi mit Szenen aus den Vitae der hll. Foška und Martin (1946). Der halb verfallene **Vergotini-Palast** nebenan, einst ein romanisches Kastell, war über Jahrhunderte die Sommerresidenz der Bischöfe von Poreč. Die kürzlich restaurierte, aber nicht mehr als Kirche genutzte **Sv. Foška** aus dem 17. Jh. beherbergt eine kleine Sakralsammlung.

Zur mittelalterlichen Festungsanlage von Vrsar gehörten das **Haupttor** (13. Jh.) am Osthang und das **Kleine Tor** (erneuert 1657) mit massiver Eichenholztür (12./13. Jh.) am Südhang. Die Markuslöwen-Reliefs der beiden Tore (14.–16. Jh.) wurden vermutlich 1778 angebracht. Sie zeigen den ungewöhnlichen Kriegstypus des geflügelten venezianischen Löwen – mit angezogenem Schwanz und geschlossenem Buch.

TOP TIPP An der Küstenstraße Poreč– Vrsar sind im **Park skulptura Dušana Džamonje** (Di–So 9–11 und 18–21 Uhr), dem Skulpturenpark von Valkanela, einige Exponate des hier ansässigen Bildhauers *Dušan Džamonja* zu sehen. Er ist für seine mit Nägeln und Ketten bestückten Metall- und Stein-

Eine Skulptur im Park skulptura Dušana Džamonje

Istrischer Marmor

Venedig ist ein Stück Istrien. Aber nicht nur in Venedig, auch in der Emilia Romagna entstanden bedeutende Bauwerke aus dem seit der Römerzeit hochgefragten **kamen** *(Stein) von Vrsar, Rovinj und Brijuni. So soll u.a. das* **Theoderich-Mausoleum** *(6. Jh.) in Ravenna aus dem Kalkstein der Vrsarer Jurajinsel gewölbt sein.*

Viele Meister der Bildhauerzunft wie Jacopo Sansovino, Antonio Rizzo und Giorgio Vasari schufen im 15./16. Jh. Werke aus istrischem Marmor. In **Venedig** *entstanden Teile des Dogenpalastes und weitere Palazzi am Canale Grande sowie Brücken, Kirchen und die Riva degli Schiavoni aus dem kostbaren Gestein. Der 70 m hohe* **Faro della Vittoria**, *der Leuchtturm des Sieges, in Triest wurde aus blendend weißem istrischen Kalkgestein geschaffen, ebenso das nahe* **Castello di Miramare** *des Erzherzogs Maximilian Ferdinand.*

Zahlreiche verlassene Steinbrüche – wie jener auf der Halbinsel **Montraker** *– zeugen von der einstigen Hoch-Zeit des Marmorabbaus. Heute finden etwa in Vrsar, Vinkuran bei Pula und in Dubrova bei Labin allsommerlich internationale* **Bildhauer-Workshops** *statt. Alle drei Orte haben auch sehenswerte* **Parks** *mit modernen, oftmals skurrilen Steinskulpturen.*

skulpturen berühmt. Seine Werke sind u. a. im Museum of Modern Art in New York und im Musée de l'Art Moderne in Paris ausgestellt.

Der Küstenstreifen von Vrsar bis zum Limski zaljev ist seit 1961 für die große FKK-Anlage **Koversada** reserviert.

Praktische Hinweise

Tel.-Vorwahl Istrien: 0 52

Information: Turistička zajednica, Rade Končara 46, Tel./Fax 44 11 87, Internet: www.istra.com/vrsar

Hotel

Pineta, Tel. 44 11 31, Fax 44 12 22. Kleines Badehotel am Pinienufer südlich vom Fischerhafen mit Felsstrand.

Camping

Koversada, Tel. 44 13 78, Fax 44 17 61. Größte FKK-Campinganlage Europas, bietet auch Bungalows, Ferienwohnungen, Restaurants und Sandstrand.

Restaurants

Laura, Flengi, an der Straße Vrsar – Limski zaljev, Tel. 44 45 12. In dieser freundlichen Landkonoba mit Garten munden Spanferkel, Palatschinken und Malvazija.

Vrsaranka, Vrsar, Sv. Martin 1, Tel. 44 11 97. Spezialitäten des Hauses sind Lasagne mit Hummer und gebackener Drachenkopf, ein Knochenfisch.

6 Limski zaljev und Limska draga

Der bekannteste Adriafjord ist heute ein Wasserschutzgebiet, Limska draga eine canyonartige, bis Pazin reichende Schlucht.

TOP TIPP 9 km tief sticht der einzigartige wald- und höhlengerahmte **Limski zaljev** in die unberührte, wildromantische und im Sommer dschungelartige Karstlandschaft. Er ist das Ende der vor 10 000 Jahren im Meer versunkenen und auf der E 751 als ›Limski kanal‹ ausgeschilderten, 25 km langen Karstschlucht **Limska draga**.

Der blaugrün glänzende 100 m tiefe und auch für seine Muschel-, Austern- und Fischfarmen bekannte Fjord lässt sich am besten von einem **Aussichtspunkt** am Nordhang überblicken. Die E 751 überquert anschließend die Limska draga

Spektakulärer Blick auf den blaugrün schimmernden Limski-Fjord, der zu den beliebtesten Ausflugszielen an der istrischen Westküste zählt

TOP TIPP am Buchtende. Über eine Zufahrt gelangt man hier zu den **Muschel-Restaurants**, die von Feinschmeckern wegen ihrer köstlichen Austern auf Eis, der Meeresdatteln und Nudeln auf *buzara*-Art gepriesen werden.

Der friedliche Limski zaljev ist eines der beliebtesten Schiffsausflugsziele entlang der Westküste Istriens. Für das Einlaufen von Booten gelten jedoch einige Vorschriften, und Baden ist verboten.

Wer ganz abgeschiedene Wege bevorzugt, der sollte unbedingt die 1630 während einer Pestepidemie verlassene Stadt **Dvigrad** (Duecastelli) viel tiefer in der Schlucht aufsuchen. Von Kanfanar am Südrand der Limska draga führt eine Asphaltstraße zu den heute efeuüberwucherten Ruinen der einst sehr mächtigen, einzigen ›Schluchtstadt‹ Istriens.

Der Weiler **Sv. Petar u šumi** nördlich von Kanfanar inmitten einer lieblichen Wiesenlandschaft am Schluchtrand überrascht mit einem großen, heute verlassenen *Klosterkomplex* (13. Jh.). Seine im 18. Jh. perfekt barockisierte *Kirche* ist eine Seltenheit in Istrien.

Beschwipste Früchtchen – in Schnaps eingelegtes Obst wird vielerorts am Straßenrand angeboten

7 Rovinj

Die ›Adriaperle‹ mit ihrem einzigartigen Charme und zwei bildschönen Hafenansichten ist die entzückendste Stadt Istriens.

Vital und ungezähmt, bourgeois und bohèmehaft zugleich ist Rovinj und wird gern in einem Atemzug mit St. Tropez genannt. Der in Steilgassen anwachsenden **Altstadt-Insel** liegen der bunte Fischer- und Ausflugshafen und der ehem. Frachthafen Valdibora zu Füßen. Kurz – Rovinj gleicht einer aus dem Wasser aufgetauchten, kostbaren Perle. Eine der TOP TIPP längsten und schönsten Uferpromenaden Istriens – die **Obala** – führt am südöstlich gelegenen Luxus-Jachthafen mit dem Hotel Park vorbei bis zum Waldpark am Zlatni rt. Im Verlauf des Spaziergangs kann man zauberhafte Aus-

Gut zu Gesicht steht den Häusern an der Hafenpromenade von Rovinj ihr farbenfroher Anstrich

blicke auf die Stadtsilhouette genießen. Die bunten Häuser am Hafen beherbergen zahlreiche Restaurants, sonnige Eisdielen und gut besuchte Cafés.

Die Serenissima Repubblica di Venezia lässt grüßen – eines der schönsten Markuslöwen-Reliefs Istriens ziert den Uhrturm am Hafenplatz von Rovinj

Die meisten **Hotels** liegen am Zlatni rt und auf den mit Linienbooten gut zu erreichenden Badeinseln Katarina und Crveni otok. Moderne **Feriensiedlungen** mit FKK-Bereichen erstrecken sich an den Badebuchten der zerklüfteten Rovinjer Küste nördlich und südlich der Stadt.

Geschichte Im 7. Jh. v. Chr. war Rovinj von den **Histrern** besiedelt, 129 v. Chr. unterwarfen die **Römer** von Pula aus den Ort und gaben ihm den Namen Ruginium. Im 5. Jh. fiel er dem **Oströmischen Reich** zu, hieß fortan Ruigno und war vom 6. bis 8. Jh. Teil des Exarchats Ravenna. Obgleich die **Franken** ab 788 den Ort mit Festungsanlagen gesichert hatten, kam es im 9./10. Jh. immer wieder zu Überfällen und Zerstörungen, u. a. durch **Sarazenen** und Piraten.

Ab 1283 **venezianisch** und ab dem 15. Jh. wieder gut befestigt, musste Ruvignio sich ständig gegen den Erzfeind Genua und die Uskoken zur Wehr setzen.

Die im 17. Jh. ringsum wütende Pest verschonte die Stadt, die so zum Zufluchtsort wurde. 1763 wurde die Meerenge zugeschüttet, die Altstadt-Insel mit der hübschen Kaufmanns-Vorstadt auf dem Festland verbunden.

Unter **österreichischer Herrschaft** (1813–1920) entwickelte sich Rovinj zur größten Stadt an der Westküste. Es entstanden Adelsresidenzen, eine Fisch- und Tabakfabrik, ein Theater und die Heilanstalt Maria Theresia, das heutige Krankenhaus.

Bis 1943 in italienischer Hand, anschließend zwei Jahre von den Deutschen besetzt, kam Rovinj 1945 schließlich zu Jugoslawien und Kroatien.

Besichtigung Auf dem großzügigen **Trg Maršala Tita** (Hafenplatz) mit seinen hübschen Cafés, dem Hotel Adriatic und dem Springbrunnen kann man sich gut auf Rovinj einstimmen. Blickfang ist hier der rosarote Spätrenaissance-**Uhrturm** aus venezianischer Zeit mit einem der schönsten Markuslöwen-Reliefs in Istrien. Auch der barocke Califfi-Palast mit dem **Stadtmuseum** (Zavičajni muzej grada Rovinja, Di–Sa 10.30–14, im Sommer auch 18–20 Uhr) ist ein imponierender Prachtbau aus dieser Epoche. Im Erdgeschoss werden archäologische Funde und Wechselausstellungen präsentiert, während in den anderen Stockwerken Arbeiten von kroatischen und Rovinjer Künstlern sowie Bilder deutscher und

Auch wenn man es aus dieser Perspektive nur erahnen kann – der zauberhafte Ort Rovinj trägt seinen schmucken Beinamen ›Adriaperle‹ zu Recht ...

italienischer Meister des 15.–19. Jh. ausgestellt sind.

Durch den Barockbogen **Balbi** von 1680, der die Stelle eines der sieben mittelalterlichen Stadttore einnimmt, gelangt man vorbei am wappengeschmückten **Rathaus** (17. Jh.) in den verwinkelten und quicklebendigen Altstadtkern mit Konobas, Bars und kleinen Läden. Über enge überwölbte Steilgassen mit Treppen wie die ›Galeriengasse‹ **Grisia** – in ihr können am 2. Sonntag im August auch Hobbykünstler ausstellen – geht es hinauf zum pinienbestandenen ›grünen Dach‹ Rovinjs mit der alles überragenden **Sv. Eufemija**. Die stadtbeherrschende Pfarrkirche wurde 1736 von venezianischen Meistern geschaffen. Ihr Glockenturm (1680), der höchste Istriens, bietet eine herrliche Aussicht. Die neoklassizistische Fassade mit dem Relief der Stadtpatronin neben dem Südportal stammt erst aus dem Jahr 1861. Der dreischiffige *Innenraum* mit seinen zahlreichen, bildergeschmückten Seitenaltären wirkt harmonisch. Schöne Blickfänge sind auch die drei vorwiegend aus Carraramarmor gearbeiteten Apsisaltäre. Den Sarkophag der Stadtheiligen findet man hinter dem Euphemia-Altar. Die großen Wandgemälde illustrieren eindrucksvoll Szenen aus der Euphemia-Legende, u. a. die Begegnung mit dem Löwen. Auch die Bilder in der Sakristei, überwiegend von Tintoretto-Schülern, sind beacht-

... und mehr oder weniger schmucke Bilder werden in den Galerien der Steilgasse Grisia zum Kauf angeboten

Zum Anbeißen schön – die attraktiv präsentierten Früchte auf dem Marktplatz Valdibora in Rovinj

liche Kunstwerke, vor allem das Gemälde ›Hl. Johannes d. T.‹ von Emanuel Zanfurnari. Den *Glockenturm* sollte man wegen der schönen Aussicht besteigen.

Über den **Svetog križa** mit seinen hübschen Cafés, wo man an den Felsklippen unterhalb der Stadtmauerreste aus dem 12. Jh. gute Bademöglichkeiten hat, gelangt man auf einem gemütlichen Rundweg zum **Trg Valdibora** – gleich nördlich vom Trg M. Tita –, wo täglich ein bunter Markt abgehalten wird. Das Angebot reicht von der gehäkelten Tischdecke über Knoblauchzöpfe bis zu *rakija* und *grappa*.

Wer sich für Fauna und Flora der Adria interessiert, kann an der nahen Obala palih boraca das kleine **Aquarium** (tgl. 9–21 Uhr) des Instituts für Meeresforschung besuchen.

Das oberhalb gelegene barocke **Franziskanerkloster** (Anfang des 18. Jh.) beherbergt eine Sammlung von Skulpturen, Gemälden, Ikonen, Messgewändern und Büchern. Am Trg na lokvi, am Ende der hübschen Ladenzeile Carera, steht das älteste Bauwerk von Rovinj: Das sieben- und nicht wie üblich achteckige spätromanische **Baptisterium** aus dem 13. Jh, auch Dreifaltigkeitskapelle genannt, besitzt ein Steinfenster mit einer gelungenen Golgatha-Darstellung.

Rovinjer Inseln

Der Rovinj südlich vorgelagerte grüne Archipel zählt 22 kleine, vor allem von Jachtbesitzern angesteuerte Inseln. Die heutige **Hotelinsel Katarina** [s. u.], das im 8.–18. Jh. von Mönchen bewohnte Eiland, kaufte 1898 Erzherzog Karl Stephan. Den herrlichen Park ließ 1905 der polnische Graf Milewski anlegen.

Das goldene Zlatni rt

Das südlich des Jachthafens von Rovinj gelegene ›Goldkap‹ Zlatni rt ist ein 52 ha umfassender **Waldpark** *und zugleich der größte* **botanische Garten** *Istriens. Typische Pinien der ostadriatischen Küste, viele der exotischsten Zypressen, edelste himalajische und libanesische Zedern, Eichen, Kiefern, Föhren oder Tannen kann man hier finden. Wahre Prachtexemplare sind Douglasie oder der ›Asiate‹ Ginkgo. Wunderbare* **Badestrände** *und* **Picknickwiesen**, *weitläufige* **Spazier- und Radwege** *und die erfrischende Sommerkühle in breiten Alleen werden jeden Besucher begeistern. Aus dem seit der Römerzeit genutzten Steinbruch* **Fantazija** *am Kap stammt das Baumaterial für den Dogenpalast und andere venezianische Palazzi.*

Das Zlatni rt ist zusammen mit dem vor allem für Hobby-Ornithologen interessanten Moorreservat Polud, dem Grüneichen-Kap Guštinja südlich von Veštar sowie einigen Inseln vor Rovinj als **Naturschutzgebiet** *ausgewiesen.*

Wer zählt die Inselchen, kennt ihre Namen? Viele kleine grüne Eilande säumen die stark zerklüftete Küste vor Rovinj

Auf **Crveni otok** (Sv. Andrija), das über einen Damm mit der FKK-Insel Maškin verbunden ist, gründete im 6. Jh. Maximianus, Erzbischof von Ravenna, eine Benediktinerabtei. Der einstige wohlhabende Bauer aus Veštar – so die Legende – hatte auf seinem Feld einen Schatz gefunden, ihn Kaiser Justinian geschenkt und war aus Dank dafür zum Erzbischof berufen worden. Erst Napoleon löste 1809 das spätere Franziskanerkloster auf. Als der Triester Baron Ivan Georg von Hütterodt 1890 Zlatni rt, die kleine Ivaninsel – heute ein Nudistentreff – und Crveni otok kaufte, wurde letztere zur Trauminsel der Donaumonarchie. In der *Galerie* zeigt man Kopien gotischer Fresken aus Kirchen Inneristriens.

Praktische Hinweise

Tel.-Vorwahl Istrien: 0 52

Information: Turistička zajednica, Budičina 12, Tel. 81 15 66, Fax 81 60 07, Internet: www.tzgrovinj.com

Hotels

**** **Meliá Eden**, Zlatni rt, Tel. 80 04 00, Fax 81 13 49. Beliebte Luxusherberge in herrlicher Lage mit Kinderclub und Bar.

TOP TIPP **** **Hotelinsel Katarina**, Tel. 80 41 00, Fax 80 41 11, Internet: www.hotelinsel-katarina.com. Neuer Badeluxus für Familien mit Kindern auf der gleichnamigen autofreien Schlossinsel.

*** **Sol Inn Adriatic**, Budičina, Tel. 81 50 88, Fax 81 35 73. Schickes, ganzjährig geöffnetes Hotel mit gepflegtem Restaurant, Kaffeeterrasse und Blick auf den Hafen.

*** **Solclub Istra**, Crveni otok, Tel. 80 25 00, Fax 81 34 84. Bestechend sind Idyll und Lage dieses beliebten Badehotels.

** **Sol Park**, Ronjgova, Tel. 81 10 77, Fax 81 69 77. Haus am Jachthafen und mit herrlichem Blick auf die Altstadt.

Camping

Polari, Tel. 80 15 01, Fax 81 13 95. Südlich, an der Feriensiedlung Villas Rubin gelegen; FKK-Zone Punta Eva.

Restaurants

TOP TIPP **Giannino**, A. Ferri 38, Tel. 81 34 02. Gebackener Hummer, Seeteufel mit Trüffeln oder *Pašta s kosmejima*, die Speisen sind ein Gedicht. Eigene Fischer sorgen für täglich frische Frische, dazu werden edle Weine gereicht.

Veli Jože, Svetog Križa 8, Tel. 81 63 37. Urige Konoba mit Tischen in der Gasse. *Bakalar*, marinierte Sardellen, Tintenfisch vom Grill und guter offener Wein lassen wenig Wünsche offen.

Inneristrien – Land der hundert sanften Hügel

Die ländlich-idyllische, durchs **mittlere Mirna-Tal** geprägte Hügellandschaft abseits der turbulenten Westküste und westlich von **Pazin**, der Hauptstadt der kroatischen Provinz Istrien, kann man sich auf vielerlei Weise erschließen: auf einem kurzen Abstecher von der Istrienmagistrale E 751, auf der Anreise von Buzet [s. S. 70], auf einem Ausflug aus jedem istrischen Badeort sowie auf einer erlebnisreichen Tour von der West- an die Ostküste. Schon von weitem sichtbar sind das in Meernähe thronende **Buje**, der östlich davon auf einer waldgrünen Anhöhe liegende Musiker- und Künstlerort **Grožnjan** und das von ausgedehnten Weingärten und dem Motovuner Wald umgebene, auf einem kegelförmigen Hügel sitzende **Motovun**. Bei einer Fahrt durch die **Ober-Bujština**, bei der man sich viel Zeit lassen sollte, kann man weitere sehr ursprüngliche, für Inneristrien typische mittelalterliche Burgstädtchen – sog. *castelli* – entdecken.

Die zahlreichen Feld- und Friedhofskirchen mit niedrigen Glockentürmen wirken auf den ersten Blick unscheinbar. Doch viele der einfachen und oft verschlossenen Bethäuser bergen einzigartige mittelalterliche Fresken und zählen – wie jene in **Beram** – zu den bedeutenden Zeugnissen der christlichen Kunst.

Über Jahrhunderte führten in dieser Hügellandschaft die slawischen Nomaden ihr bescheidenes Bauerndasein. Sie waren es auch, die die abends wie ein Feuer glühende Adria so trefflich als ›blaues Feuer‹ bezeichneten.

8 Buje

Die ›Wacht von Istrien‹ liegt in einer bezaubernden Wein- und Wanderlandschaft.

Dominant und wegweisend thront das mittelalterliche Städtchen auf einem lang gestreckten Bergrücken. Seit ewigen Zeiten wacht es über das weinbäuerlich geprägte Umland, die **Bujština**.

Bereits die Histrer, später dann die Römer und im 9. Jh. die Slawen siedelten an diesem wichtigen *Verkehrsknotenpunkt*. Nach der Herrschaft der Patriarchen von Aquileia und der Grafen Weimar-Orlamünde fiel Buje 1412 an Venedig und blieb dort bis 1797. Aus dieser Epoche stammen einige Bürgerhäuser, die Loggia und eine alte Maß-Steinsäule (16. Jh.) auf dem kleinen Hauptplatz, Teile der Stadtmauern und die alten Bauernhäuser am steilen Ortsrand. Wahrlich einen Kontrast dazu stellt die zu den beiden Kirchen hinauf führende Straße mit den schicken Cafés dar.

Sv. Marija (15. Jh.) mit dem schmiedeeisernen Renaissanceportal an der später hinzugefügten klassizistischen *Fassade* birgt eine kostbare gotische Madonna aus Holz und eine Pietá am Altar aus dem 15. Jh. Einige andere Gemälde werden Tintoretto-Schülern zugeschrieben. Die Pfarrkirche **Sv. Servul** mit Campanile, im 16. Jh. an der Stelle eines römischen Tempels erbaut, weist an der Fassade römische Säulen und Stelen sowie mittelalterliche Reliefs auf. Die Front schmückt ein schönes barockes Portal mit einem schwebenden Engel. Sehenswert im barocken *Inneren* sind eine geschnitzte überlebensgroße Muttergottes mit Kind (14. Jh.), gotische Skulpturen des 15. Jh., eine barocke Vedute von Buje und eine Orgel (1791) des Venezianers Gaetano Callido.

◁ **Oben:** *Atemraubend schön auf einem Hügel thront das typisch inneristrische Städtchen Motovun*

Unten: *Seit Jahren fest in Künstlerhand – der Ort Grožnjan*

Ein Ort voller Charme und Leben – Buje ist ein beliebtes Ausflugsziel für Urlauber von der nahen Westküste

Unterhalb von Buje, auf dem Weg nach Novigrad, liegt das Weindorf **Brtoniglia.** Um den hübschen Hauptplatz scharen sich ein Café, eine Konoba, ein großer Weinkeller, die neubarocke Zenonkirche und einige Grabkapellen. Im Haus des bekannten Bildhauers *Aleksandar Rukavina* (1934–1985) – er gründete in den 60er-Jahren des 20. Jh. die Künstlervereinigung von Grožnjan [s. S. 39] – wurde eine Galerie mit seinen Werken eingerichtet (Sa/So 16–18 Uhr).

Praktische Hinweise

Tel.-Vorwahl Istrien: 0 52
Information: Turistička zajednica, Istarska 2, Tel. 77 21 22, Fax 77 33 53

Restaurant

Astarea, Brtoniglia, an der Straße Buje – Novigrad, Tel. 77 43 84 (11–2 Uhr). In diesem sympathischen Restaurant kommen vor allem Lamm- und Fischgerichte auf den Tisch.

Oliva, Buje, Verdieva, Tel. 77 20 50. Diese einfache Konoba serviert unter anderem *pršut* und köstliche Minestrone.

9 Ober-Bujština

Auf herrlichen Wanderwegen zu verborgenen mittelalterlichen Kostbarkeiten.

Die Wald- und Wiesenlandschaft nordöstlich von Buje zieht vor allem Biker, Wanderer und Angler an. Zunächst führt die Weinstraße Bujština durch einige mittelalterliche *castelli* wie etwa den Ort **Momjan**. Über das kleine Dorf Šterna erreicht man anschließend das von den Venezianern ab 1490 befestigte, hübsche Renaissancestädtchen **Oprtalj**, das sich in 378 m Höhe gegenüber von Motovun erhebt. Ein Zypressenspalier, die Loggia mit Lapidarium (17. Jh.) und die Rochuskapelle (16. Jh.) mit Resten von Renaissancefresken heißen den Besucher willkommen. Hinter dem Stadttor kommt man durch Gassen mit überwölbten Durchgängen. Leider hat das Städtchen durch den Krieg stark gelitten, was die Ruinen einiger Wohnhäuser bezeugen. Die von einem Campanile überragte spätgotische Georgskirche von 1526 birgt wertvolle Gemälde von Carpaccio-Schülern, darunter ›Maria im Rosenhag‹ und ›Heilige Dreifaltigkeit‹. Die mittelalterlichen **Feldkapellen** in nächster Umgebung sind mit weiteren ausgezeichneten mittelalterlichen Fresken istrischer Wandermaler geschmückt.

Im 4 km nordöstlich gelegenen uralten **Zrenj** vermuten einige Historiker das antike Stridone, den Geburtsort des Kirchenvaters *Hieronymus* (um 347–420), von dem die Vulgata, die erste lateinische Bibelfassung, stammt.

Praktische Hinweise

Tel.-Vorwahl Istrien: 0 52

Restaurant

Marino, Momjan, Kremenje 96/b, Tel. 77 90 47. Trüffel- und Fleischgerichte sowie der feine Momjaner Muškat-Wein.

10 Grožnjan

Künstlerateliers, Verkaufsgalerien und musikalische Klänge inmitten der stillen Natur.

Von der Hauptkreuzung auf der E 751 in Buje windet sich eine schmale Straße hinauf zu einem sehr hübschen, im Sommer lebhaften Städtchen in traumhafter Aussichtslage über dem Mirna-Tal.

Ab 1358 baute Venedig Grožnjan zum Militärstützpunkt und zum Gemeinde- und Verwaltungssitz des blühenden Westistrien aus und ließ die Region ab 1394 durch Adelsfamilien vom Canale Grande aus regieren.

Viel besucht sind die Abschlusskonzerte der klassischen **Sommer-Jugend-Musikschule** im August. Dann kann man in den romantischen Gassen Klängen von Bach, Haydn oder Mozart lauschen. Seit mehr als 30 Jahren etwa bringen auch Galerien und Workshops von bekannten Keramikkünstlern oder Malern Farbe in die kleine Stadt.

Der baumbestandene Pfarrplatz am **Kastell** bietet sich als Ausgangspunkt für einen Spaziergang durch Grožnjan an. Ab 1359 der *capitani e podesta*-Sitz, im 19. Jh. umgebaut, beherbergt es heute das Musikzentrum und gibt einen stimmungsvollen Rahmen für Konzerte ab. Die **Pfarrkirche** (Anfang des 14. Jh.) gegenüber mit einem Glockenturm von 1682 wurde 1748–70 barockisiert. Das Altarbild mit der Darstellung des hl. Blasius malte 1716 Francesco Travio, das Renaissance-Chorgestühl schmücken fein gearbeitete Intarsien.

An der *Contrada grande* stehen der barocke **Spinotti-Morteani-Palast** (1681) und die **Cancelleria** (1492), die in venezianischer Zeit Sitz der Gemeinde- und Stadtnotare waren. Im **Fontik** – er war einst Getreidespeicher, aber auch Gericht und Gefängnis – mit der Renaissanceloggia aus dem 14. Jh. ist heute die **Städtische Galerie** (keine festen Öffnungszeiten) untergebracht. Vom **Stadttor** aus dem 14. Jh. mit den Rektorenwappen (15./16. Jh.) gelangt man schnell zum **Aussichtspunkt** über dem Mirna-Tal. Von hier schweift der Blick nach Motovun, oder man kehrt ein in dem empfehlenswerten **Restaurant Ladonja**. Auf dem Weg zurück zum Pfarrplatz entdeckt man eine Schmiede mit Zunftzeichen aus dem Jahr 1406.

Außerhalb des Stadttors steht die kleine **Kosmas- und Damiankirche**. Die modernen Fresken im Inneren malte 1988 Ivan Lovrenčić. Der zypressenbestandene Friedhof gleich oberhalb beherbergt weitere sehenswerte Kunstwerke, z. B. das Sgraffito von Ivan Seljak-Čopić

Sportlich ambitioniert – Rad fahrende Aktivurlauber kommen in der abwechslungsreichen inneristrischen Landschaft voll auf ihre Kosten

und das Partisanen-Beinhaus von Peter Černe auf. Die schöne Fides-Darstellung auf der Familiengruft Lovrenčić ist ein Werk des berühmten dalmatinischen Bildhauers Ivan Rendić (1905).

Über eine Schotterstraße gelangt man von Grožnjan zum **Ponte Porton** – in alten Zeiten ein wichtiger Flusshafen, heute die Kreuzung der E 751 mit der *Mirna-Route* von Buzet [Nr. 29], auf der man nach Motovun fahren kann. Lohnend ist ein Stopp in dem gleichnamigen Gasthaus gleich vor der Brücke.

Praktische Hinweise

Tel.-Vorwahl Istrien: 0 52

Information: Turistička zajednica, Grožnjan, Umberto Gorjan 3, Tel./Fax 77 61 31

Die klassizistische Fassade verrät die Handschrift des Baumeisters – die Kirche von Motovun ist ein Werk Palladios

Restaurants

Ladonja, Grožnjan, Tel. 77 61 25. Gute Adresse für feine istrische Küche und Kanoba mit offener Feuerstelle.

Ponte Porton, Ponte Porton, Tel. 77 63 95. Wärmstens zu empfehlen sind hier die schmackhaften Drehspieß-Gerichte, Paste und der Wein.

11 Motovun

Größtes typisch istrisches Festungsstädtchen in traumhafter Aussichtslage.

Das sich östlich von Buzet bis Novigrad erstreckende Mirna-Tal war lange der Haupthandelsweg Istriens. Über dem mittleren Flusstal und der hier schnurgerade verlaufenden Hauptroute von Buzet thront Motovun (Montona) eindrucksvoll auf einem Hügel. Der Ort ist ein vortreffliches Beispiel für eine über Jahrhunderte kontinuierlich von der Höhe den Hang hinunter gewachsene Bergstadt. Die im Wesentlichen von den Venezianern im 13.–17. Jh. zum Schutz gegen Überfälle errichteten Mauern beherbergten einst bis zu 5000 Einwohner.

Die am Südhang ›klebende‹ **Vorstadt** mit der Pfarrkirche ist barock und klassizistisch geprägt. Eine steile Steinstraße führt aus der befestigten romanisch-gotischen **Unterstadt** hinauf in die am alten Kastell (10. Jh.) erbaute **Oberstadt**, die der mächtige **Stadtturm** (14. Jh.) mit wappengeschmücktem Doppeltor einst abriegelte. Gleich dahinter lädt eine **Aussichtsterrasse** mit Bar zu einer Espresso-Pause hoch über dem Mirna-Tal ein. Gegenüber der Loggia (17. Jh.) führt ein gotischer, mit dem Markuslöwen geschmückter Bogen durch die Kastellmauer zum Hauptplatz. Hier trifft man auf das Rathaus aus dem 13. Jh. (mehrfach umgebaut), den mit einem Stadtrelief verzierten Brunnen (15. Jh.) und den Polesini-Palast mit Hotel-Restaurant. Sie werden überragt vom Wahrzeichen Motovuns, dem zinnenbekrönten **Glockenturm** (13. Jh.). Die dazugehörige **Stephanskirche** entwarf 1600 kein anderer als der berühmte Renaissance-Baumeister *Andrea Palladio*.

TOP TIPP Heißer Tipp: ein **Mauerspaziergang**, der einen unvergesslichen Blick auf die weit unten liegende Landschaft mit ihren fruchtbaren Weingärten und trüffelreichen Eichenwäldern, Učka und Ćićarija [s. S. 62, 70], garantiert.

Höhepunkt istrischer Freskomalerei – ungeheuer eindrucksvoll ist die Totentanzdarstellung (1474) in der Beramer Kirche Maria im Fels

Praktische Hinweise

Tel.-Vorwahl Istrien: 0 52
Information: Andrea Antico bb, Tel./Fax 801758

Hotel

** **Kaštel**, Polesini-Palast, Tel. 68 16 07, Fax 68 16 52. Einfach und ruhig. Restaurant mit Gartenbetrieb unter alten Kastanien und mit istrischen Schmankerln.

12 Beram

Der imposante, 500 Jahre alte Freskenzyklus von Beram zählt zu den berühmtesten Kunstwerken Istriens.

In dem auf einem bewaldeten Hügel 5 km westlich von Pazin gelegenen Bauerndorf scharen sich die wenigen Häuser um die Martinskirche (15. Jh.). Dort trifft man meist auch einen Einheimischen, der den Weg zur etwa 1 km entfernten Kirche **Maria im Fels** (Marija na Škriljinah) auf dem Beramer Friedhof weist. Die kostbaren Fresken dort oberhalb von Rijeka schuf 1474 der Meister *Vincent de Castua* aus Kastav. Es handelt sich vermutlich um den Vater von *Ivan de Castua,* der 1490 die Trinitätskirche im heute slowenischen Hrastovlje an der Straße Črni Kal – Buzet ausgemalt hat. Beide Gotteshäuser sind heute wegen ihrer eindrucksvollen *Biblia pauperum*, der Bilderbibel für die Armen, und ihrer *Danses macabres* weltberühmt.

Zwei deutlich durch die Tiroler Schule und italienische Wandmalereien beeinflusste **Freskenreihen** von frappierender Schönheit, aufgeteilt in 46 rechteckige Felder, zieren drei Wände der Beramer Kirche. Im Mittelpunkt stehen Szenen aus dem Leben Christi und der Muttergottes. Wie in der sakralen Kunst der damaligen Zeit üblich, tragen außer Christus und den Aposteln alle übrigen Personen zeitgenössische Kleidung. Statt römischer Legionäre beleben Ritter die Kulisse, die mittelalterliche istrische Städte zeigt. So ist etwa die größte Komposition, die 8 m lange ›Anbetung der Heiligen Drei Könige‹ in der oberen Zone der **Nordwand,** zugleich ein gelungenes ›Genrebild‹ des 15. Jh. Im ›Letzten Abendmahl‹ rechts vom Fenster sieht man Judas mit dem Säckchen voller Silberlinge und Christus, wie er Petrus die

Füße wäscht. In der Szene ›Maria im Tempel‹ an der **Südwand** (am Fenster rechts oben) malte der Meister einen Altar mit venezianischem Triptychon. Der jüdische Rabbiner in der angrenzenden ›Verlobung Marias und Josephs‹ ähnelt einem zeitgenössischen Bischof. Im Fresko ›Christus im Tempel‹ darunter zerreißen die jüdischen Gelehrten die Schriften, als sie Christi Weisheit erkennen. Anschaulich-naiv dargestellt ist die ›Verkündigung‹ links oberhalb der Seitentür: Ein Kind fliegt aus dem Mund Gottes über die Taube des hl. Geistes auf Maria zu.

Das Glanzlicht der istrischen Freskokunst kann man an der 7 m langen **Westwand** bewundern. Das menschliche Leben wird hier getreu dem Volksglauben in drei Szenen dargestellt: ›Sündenfall‹, ›Fortuna dreht das Glücksrad‹ und ›Totentanz‹. Der fröhliche Sensenmann führt den Reigen aus Papst, Kardinal und Bischof, König und Königin, Wirt, Kind und Krüppel, Soldat und Kaufmann an. Letzterer weist vergebens auf das Lösegeld auf dem Tisch.

Die reizvoll bemalte **Holzdecke**, die **Fenster** und die **Seitentür** stammen aus dem 19. Jh.

Schon dem italienischen Dichter Dante Alighieri jagte der Blick in die schwarzgähnende Fojba-Schlucht Schauder über den Rücken

13 Pazin

Im Herzen Istriens erhebt sich eine Habsburger Burg mit Blick in den Höllenschlund.

Pazin, seit 1991 **Kapitale** Istriens, liegt fast genau in der Mitte der Halbinsel, an der Kreuzung wichtiger istrischer Verkehrswege und an der Bahnlinie Divača – Pula. Die Stadt (5300 Einw.) ist umgeben von abwechslungsreicher üppig-grüner Natur. Hier greifen die drei typischen istrischen Landschaftszonen – der weiße karstgeprägte Nordosten, der *terra rossa*-rote Südwesten und das schiefergraue Inneristrien – ineinander. Dicht bewaldete Hügel wechseln mit engen Tälern und karstigen Schluchten, kleine Flüsse verschwinden plötzlich in Erdspalten.

Geschichte Schon im 9. Jh. gab es am Rand der 130 m tiefen Fojba-Schlucht ein *kaštel*, das 983 als **Castrum Pisinum** im Besitz des Bischofs von Poreč erwähnt wird. Der karolingische Fürst Černogradus (Meinhard Schwarzenburg) gründete im 12. Jh. die reiche Markgrafschaft **Pisinum**. In späterer Zeit wechselten die Herren häufig. 1248 ging der Ort an den Grafen von Görz und 1374 an die Habsburger über. Im 15. Jh. besaßen die **Paziner Grafen** bereits alle umliegenden Gemeinden und die dazugehörigen Ländereien sowie die Ostküste Istriens, ab 1471 gehörte ihnen auch die Stadt Rijeka. Eine Rebellion der unterdrückten Bauern gegen die Grafen wurde 1571 gewaltsam niedergeschlagen. Ab 1766 herrschten die reichen **Montecuccoli** über die Region. 1825–61 war Pazin, zu deutsch Mitterburg, die Verwaltungskapitale des **österreichischen** Istrien und ein lebhafter Handelsplatz. 1899 öffnete hier das erste kroatische Gymnasium der Halbinsel seine Pforten, und Pazin wurde zum Zentrum der kroatischen Kultur in Istrien. 1918–43 gehörte Pazin zu Italien, aus der Burg wurde ein Gefängnis. Pazin, ja, ganz Inneristrien und der Berg Učka wurden Zentren des Partisanenkampfes gegen die Faschisten.

Im Innenhof der Burg von Pazin (13.–16. Jh.) gibt diese imposante Zisterne den Ton an

Besichtigung Dieses geschäftige Städtchen hat zwar außer seiner Burg keine besonderen Sehenswürdigkeiten zu bieten, aber man kann in den Gässchen, Läden und auf dem Wochenmarkt istrisches Alltagsleben studieren. Bei einem Rundgang wird man dann vor allem im Park am Trg Slobode einige **Denkmäler** mit Darstellungen aus dem Partisanenkampf entdecken – etwa jenes von dem berühmten Dušan Džamonja aus Vrsar.

Auf dem Weg zur Burg sollte man auch einen Blick in die 1266 erbaute, später barockisierte **Pfarrkirche Sv. Nikola** mit dem Glockenturm von 1705 werfen. Sie hat ein gotisches Sanktuarium mit Sternrippengewölbe und beeindruckende Fresken (um 1460) von einem unbekannten Südtiroler Maler. Ein großartiges Werk ist vor allem die dramatische ›Kreuzigung‹.

Von der größten und besterhaltenen **Burg** Istriens (13.–16. Jh.) – einer Vierflügelanlage – grüßen die Wappen der einstigen Herren Pazins: u. a. der Bischöfe von Poreč und der Patriarchen von Aquileia, der Habsburger und der Montecuccoli, derer von Andechs und Wittelsbach. Hier gibt es auch ein Restaurant und eine Aussichtsterrasse. Der Blick geht in die ›schaudererregende‹ **Fojba-Schlucht**. Für *Dante Alighieri* war sie die Finsternis, das Inferno. Nach seiner Verbannung aus Florenz hatte sich der italienische Dichter Anfang des 14. Jh. auch auf die Wanderschaft nach Pazin gemacht. Später ließ *Jules Verne* seinen Helden, den Grafen Mathias Sandorf, in dem nach ihm benannten Roman (1885) erst in der Zwingburg einkerkern, um ihn dann unterirdisch ins Limski zaljev und nach Rovinj flüchten zu lassen. Der Besuch des liebevoll eingerichteten **Volkskundemuseums** (Etnografski muzej Istre, tgl. 11–15, im Sommer 11–17 Uhr) in den schönen Burgräumen lohnt allemal: Trachten, Schmuck, traditionelle Musikinstrumente wie die istrische Flöte *sopile*, alte Möbel, eine Bauernküche, Kirchenglocken und allerlei Handwerksgerät künden beredt von alten Zeiten.

Praktische Hinweise

Tel.-Vorwahl Istrien: 052

Information: Turistička zajednica, Stari trg 8, Tel./Fax 622460, Internet: www.istra.com/pazin

Unterkunft

**** Motel Lovac**, Šime Kurilića 4, Tel. 624384, Fax 624292. Einfaches Motel an der Straße Poreč – Pazin mit Blick in die Fojba-Schlucht. Im Restaurant werden Trüffel- und Wildgerichte sowie Weine der Gegend serviert.

Restaurant

Kramar, Štefanije Ravnić 2, Tel. 622187. Deftig-istrische Tafelfreuden (Mo geschl.).

Pula und Südistrien – faszinierende Augustus-Stadt und grandioses Kap

Die E 751 von Bale führt zunächst kurz durch karstig-mediterranes Dickicht und anschließend über das uralte, mit Trockenmauern und *kažuni*, Kuppelhäuschen, durchsetzte Wein- und Olivenanbaugebiet mit **Vodnjan** als Mittelpunkt geradewegs nach **Pula**. Die inneristrische Querverbindung von Pazin trifft bei Vodnjan auf die E 751, und eine Nebenstraße zweigt bei Vodnjan nach Fažana ab, von wo man mit dem Schiff auf die **Brijuni-Inseln** gelangt. Ein Zubringer verbindet die große Hafenstadt mit dem hübschen Badezentrum **Medulin**. Das spektakuläre Südkap **Rt Kamenjak** erreicht man über Premantura. Pula und die Region von Südistrien zählen zu den beliebtesten istrischen Feriengebieten und können im Sommer bis zu 50 000 Gäste beherbergen.

14 Bale

Mittelalterliches Bauernstädtchen mit eindrucksvollem Palazzo.

Abseits der Küste und ihres Touristentrubels thront Bale wie eine archaische Burg auf einem kleinen Karstplateau. Es ist umgeben von fruchtbaren Feldern und Wiesen, auf denen Esel und Ziegen weiden. Verstreut liegen einige *stancije*, die typisch istrischen, aus mehreren kleinen Gebäuden bestehenden Gutshöfe.

Sein unverwechselbares Aussehen erhält Bale durch den trutzigen **Palazzo Soardo-Bembo**, der die Stelle eines römischen *Castrum* einnimmt und von zwei konzentrisch verlaufenden Gassen umrundet wird. Er setzt sich zusammen

Architekturelemente aus verschiedenen Epochen enthält die Fassade des Palazzo Soardo-Bembo, der auf antiken Fundamenten errichtet wurde

Venezianische Spätgotik bestimmt die Fassade dieses Hauses am Hauptplatz von Vodnjan

aus zwei älteren Vierecktürmen, die im 15. Jh. mit einem teils im Stil der venezianischen Gotik, teils der Renaissance errichteten Trakt verbunden wurden. Ebenfalls aus der venezianischen Epoche stammen der **Prätorenpalast**, der **Fontik** (Getreidespeicher) und die **Loggia**. In der nahen ›Blumengasse‹ entdeckt man die hübsche **Etno galerija** der bekannten kroatischen Keramikerin Eleonora Grgac, in der schöne Tonwaren angeboten werden.

Die neobarocke Pfarrkirche **Sv. Julijan**, 1880 auf den Resten einer frühromanischen Basilika aus dem 9. Jh. erbaut, birgt einen bemerkenswerten Steinsarkophag (8. Jh.), ein romanisches Kruzifix und einen Renaissance-Flügelaltar.

Von Bale aus lohnt ein kurzer Abstecher in das Naturschutzgebiet **Rt Guštinja** mit seinem einsamen Felsenstrand.

15 Vodnjan

Abblätternder Charme, mysteriöse Mumien und kostbare Sakralschätze.

In Vodnjan, dem Zentrum der zur Römerzeit überaus reichen, im Hochmittelalter an die 130 Kirchen zählenden, doch heute eher armen Agrarprovinz entlang dem Kanal von Fažana, leben noch einige Einwohner, die den alten istroromanischen Dialekt sprechen. Die Venezianer, 1331 von den Vodnjanern selbst als Landesherrn gewählt, stationierten hier ihr Heer, da sie das ländliche dem ›ungesunden‹ Leben in der Hafenstadt Pula vorzogen. Der mittelalterliche, von einem dichten Häuserring geschützte innere Gassenkern war uneinnehmbar. Erst später entstand das Viertel entlang der *Trgovačka* östlich des lebhaften Hauptplatzes mit Rathaus und Gebäuden im spätgotischen Stil.

Attraktion des Ortes ist die sich am Palladio-Stil orientierende neobarocke Kirche **Sv. Blaž** (= Blasius) aus dem 18./19. Jh. nebst weithin sichtbarem 60 m hohen *Glockenturm*. Mit ihrem 56 m langen, 32 m breiten und 25 m hohen, durch Arkaden gegliederten *Innenraum* ist sie die größte Pfarrkirche Istriens. Zur Ausstattung gehören neben herrlichen Marmoraltären mit Glasfronten versehene Holzschreine hinter dem Hauptaltar. Sie bergen makabre Sehenswürdigkeiten: jahrhundertealte *Mumien*, u. a. der hll. Bembo und Nikola Bursa. Unbedingt einen Besuch abstatten sollte man dem **Museum** in den Sakristeiräumen, in dem Sakralschätze des 5.–19. Jh. ausgestellt sind. Die Sammlung umfasst insgesamt etwa 900 Stücke, von denen allerdings nur eine Auswahl gezeigt werden kann. Frühchristliche Steinreliefs, u. a. ein großer ›Hl. Christophorus‹, und ein Triptychon (1321) von Paolo Veneziano, das als Deckel für den Sarkophag

Wahrlich nichts für zarte Gemüter – die Mumien hinter dem Altar der Kirche Sv. Blaž in Vodnjan

des hl. Bembo diente, sind nur einige der Kostbarkeiten. Daneben findet man zahlreiche kunstvoll aus Metall, edlen Hölzern und Muranoglas gefertigte Reliquiare (13.–18. Jh.).

Ausflug

Wer von Vodnjan nach Pazin fährt, findet in dem nahen, geruhsamen **Svetvinčenat** das einzige ›Renaissance-Städtchen‹ Istriens, geprägt durch die gut erhaltene Viereckfestung der Familie Grimani aus dem Jahr 1589 mit ihren Türmen, der Loggia und der dreischiffigen Marienkirche mit der Fassade im Renaissancestil und das hübsche Architekturensemble am Hauptplatz. Der ganze Stolz der Michaelskirche aus dem 16. Jh. in der einstigen venezianisch-österreichischen Grenzstadt **Žminj** sind die schöne hölzerne Pala ›Anbetung der Hirten‹ und venezianische Gemälde des 17. und 18. Jh. Auf einige gotische Fresken stößt man in der Trinitätskapelle und in der Kapelle ›Hl. Anton der Abt‹, die 1381 ein Meister Amerigus erbaute und die venezianische Künstler dekorierten.

Praktische Hinweise

Tel.-Vorwahl Istrien: 0 52

Restaurant

Vodnjanka, Istarska, Tel. 51 14 35. Einfaches Gasthaus, in dem *pršut*, Schafskäse, *ombolo* und *fuži* sowie Weine aus der Umgebung serviert werden.

16 Fažana, Peroj und Barbariga

Freundliche Orte am historischen Kanal gegenüber den Brijuni-Inseln.

Am gleichnamigen Kanal und eingebettet in Oliven- und Pinienhaine liegt **Fažana**, einst ein bedeutender römischer Ausfuhrhafen und heute im Kern noch ein hübscher, kleiner Fischerort.

Seine schönste Seite zeigt Fažana am lauschigen *Molo*, wo sich auch das *Touristenbüro* befindet, in dem man Ausflüge auf die vorgelagerten Brijuni-Inseln buchen kann. Interessant sind die gotischen Freskenreste in der *Laubenkirche Maria vom Berg Karmel* (14. Jh.) nahe dem Molo. Die *Kosmas- und Damian-Kirche* zeichnet sich durch ein gotisches Portal, Altäre mit schönen Gemälden und durch Fresken aus, die Friauler Meister im 16. Jh. schufen. Das ›Letzte Abendmahl‹ an der Nordwand stammt von Zoržij Ventura aus Zadar.

Die *Elysäuskapelle* (6. Jh.) nordöstlich des Ortes fällt wegen der byzantinischen Apsis aus dem Rahmen.

In dem von Familien aus Montenegro im 17. Jh. gegründeten Bauerndorf **Peroj** kann man in der *Stephanskirche* (8. Jh.) romanische Freskenreste (13. Jh.) und in der *Spiridonkirche* von 1834 eine kostbare Ikonostase (16. Jh.) entdecken.

Das Feriendorf **Barbariga** am Rt Barbariga, das den Namen einer venezianischen Adelsfamilie trägt, besitzt einen beliebten Strand. Die nordöstlich gelegene, heute nur noch zum Teil erhaltene Basilika *Sv. Foška* (6. Jh.) war übrigens einst für die Templer eine Etappe auf ihren Pilgerreisen nach Jerusalem.

Praktische Hinweise

Tel.-Vorwahl Istrien: 0 52

Camping

Bi Village, Dragonja 115, Tel. 38 07 00, Fax 38 71 11. Modernster Ferienkomfort mit Kiesstrand am Meer südlich von Fažana und mit Blick auf Brijuni.

Restaurants

Bukaleta, Barbariga, Tel. 52 82 28. Lecker zubereitete Fisch- und Meeresfrüchtegerichte nebst guten Weinen erhält man in diesem beliebten Lokal.

Plavi, Fažana,Tel. 52 17 85. Angenehme Snackbar an der Promenade.

17 Nationalpark Brijuni

Die ›Friedensinsel‹ ist ein Paradies für den Entspannungsurlaub und für Golfer.

Der üppig-grüne, aus 14 flachen Inseln und Inselchen bestehende 7,4 km² umfassende Archipel Brijuni (Brioni) besitzt eine einzigartige mediterrane und exotische Pflanzen- und Tierwelt.

Besucht werden kann allerdings nur Veli Brijun mit seinen herrlichen Alleen, Parkanlagen und -wegen. Während Hotelgäste das Eiland auf eigene Faust erkunden können, sind Tagesbesucher auf organisierte Touren angewiesen. In den Sommermonaten wird mehrmals täglich von Fažana aus die **Veli-Brijun-Besichtigungstour** mit Schiff und Bimmelbähnchen angeboten, aber auch alle anderen Urlaubsorte organisieren **Schiffsreisen** zu diesem beliebten Ausflugsziel.

Geschichte Vor 150 Mio. Jahren hinterließ der Dinosaurier **Igvanodon** seine großen Fußstapfen auf Veli Brijun, dessen Höhlen schon damals besiedelt waren. Ab dem 2. Jh. v. Chr. kultivierten die **Römer** Brijuni. Sie legten hier Latifundien an und errichteten Villen sowie pompöse Residenzen. Brijuni und Pula wurden dann ab dem 1. Jh. die bevorzugten Sommerfrischen der Römer. Die **Venezianer** legten 1331 auf Veli Brijun einen kleinen Hafen an und exportierten von hier weißen Marmor, Salz und Holz in die Lagunenstadt. Den wegen einer Malaria-Epidemie im 18./19. Jh. gänzlich verlassenen Archipel nutzten dann die **Österreicher**, um hier Wehranlagen für den nahe gelegenen Zentralhafen Pula zu errichten.

Von dem Castrum, das die Byzantiner einst auf Veli Brijun bauten, zeugen heute nur noch die Grundmauern

Einen charmanten Empfang bereiten diese Damen den Besuchern der Brijuni-Inseln

Nachdem der Meraner Industrielle **Paul Kupelwieser** Brijuni 1893 gekauft und der berühmte Bakteriologe **Robert Koch** die Malaria ausgerottet hatte, entstand hier ein neues exklusives **Urlaubsparadies** der k.u.k.-Militärspitze, der Mitglieder der Königshäuser sowie des Geld- und Industrieadels. Der heute so üppige englische Garten und Spazierwege von insgesamt 80 km Länge wurden angelegt. Nach dem Ersten Weltkrieg fielen Schatten auf das Paradies: Kupelwiesers Sohn Karl beging 1930 auf Veli Brijun Selbstmord, 1945 wurde der zunächst italienische, dann deutsche Militärstützpunkt von den Alliierten zerbombt.

Von 1947 bis zu seinem Tod 1980 war Vanga private und Veli Brijun offizielle Residenz des jugoslawischen Präsidenten **Josip Broz Tito**. Nachdem im Jahr 1956 Nasser, Nehru und Tito auf Veli Brijun die **Brioni-Deklaration**, den Gründungsakt der Liga der Blockfreien Staaten, unterzeichnet hatten, nahmen die Brioni-Inseln als **Friedensinseln** ihren Platz in der Geschichte ein. Auch später gingen zahlreiche Staatsmänner, Künstler und Stars auf diesen Luxusinseln ein und aus, u. a. Willy Brandt, Titos Filmdouble Richard Burton, Sophia Loren und die englische Prinzessin Margarethe mit Lord Snowdon. 1983 wurden die Inseln zur Tito-Gedenkstätte und zum siebten kroatischen Nationalpark erklärt.

Besichtigung Der Hafen von Veli Brijun und die Hotels liegen an der Ostküste. Über 70 moderne **Skulpturen**, Werke berühmter Künstler der Tito-Ära, schmücken den Ort, z.B. die ›Nacktbadende‹ direkt am Molo und die ›Mutter mit Kindern‹ am Museum. Viel älter ist der schlanke **Donjon** (Viereckturm): Er stammt noch aus dem 12. Jh. In der kleinen gotischen **German- und Rochus-Kirche** (1481) sind Kopien von glagolitischen Inschriften [s. S. 72] und von Fresken aus den kleinen Kirchen Inneristriens zu sehen. Das 1955 renovierte venezianische **Kastell** (16. Jh.) beherbergt das **Museum** mit Café und Souvenirladen. Besucherscharen ziehen die archäologische Sammlung mit Fragmenten aus der römischen Vergangenheit der Insel, die Erinnerungen an den Österreicher Paul Kupelwieser und die ›Tito-Fotoschau‹ an.

Hinter dem See Tiganj, auf der Landzunge Barban, erstreckt sich ein **9-Loch-Golfplatz**. Im angrenzenden **Safaripark** grasen exotische Tiere wie Zebras und das istrische Urrind *boškarin*.

In der Bucht Dobrika an der Westküste liegen mit Blick auf die Eilande Madona und Vanga die Ruinen einer dreischiffigen **Basilika** (6. Jh.), eines großen byzantinischen **Castrum** und Reste einer **Benediktinerabtei**, die beide nach einer Epidemie im 14. Jh. von ihren Bewohnern verlassen worden waren.

An der Bucht Verige im Osten war im 1. Jh. eine der erlesensten **kaiserlichen Sommerresidenzen** errichtet worden, deren Reste auch heute noch gut erkennbar sind. Sie war über drei Terrassen angelegt und umfasste eine Fläche von 5 ha. Um vier, vermutlich Venus, Neptun, Jupiter und Mars geweihte Tempel gruppierten sich Wirtschaftsgebäude, Thermen, Priesterwohnungen und Empfangsräume, die allesamt durch eine zum Meer hin offene Wandelhalle miteinander verbunden waren.

In der Nähe erstreckt sich der **Badestrand** mit FKK-Bereich und Restaurant. Die **Festung Tegetthoff** in der Inselmitte ist nach dem ruhmreichen k.u.k.-Marineadmiral Wilhelm von Tegetthoff benannt, der 1866 mit seinen Männern die Seeschlacht von Lissa (Vis) gegen die italienische Flotte gewann.

Praktische Hinweise

Tel.-Vorwahl Istrien: 0 52

Information: Nationalpark Brijuni, Fažana, Tel. 52 58 88, Fax 52 13 67

Hotels

**** **Brijuni-Villen**, Tel. 52 58 07, Fax 52 13 67. Ruhige, komfortable Unterkunft für Genießer.

*** **Neptun und Istra**, Veli Brijun, Tel. 52 51 00, Fax 52 13 67. Wer das Besondere sucht, ist in diesen Inselhotels an der richtigen Adresse.

18 Pula

Plan Seite 50

Die eindrucksvolle Großstadt, das einstige ›Rom Istriens‹, prunkt noch heute mit einer grandiosen antiken Arena.

Die älteste Stadt an der Ostadria, mit 82 000 Einwohnern die eigentliche Metropole Istriens, ist 3000 Jahre alt und kein bisschen müde. Natürlich ist Pula heute mehr als das vom Verkehr geplagte Zentrum mit Werft, Industriehafen und verspiegelten Bürogebäuden, mehr als die Hochhäuser am Horizont und mehr als der Besuchermagnet Arena. Da gibt es lauschige Hafengassen, das Forum als allabendlichen Treffpunkt und die Flaniermeile schlechthin, die sich zwischen Korzo Giardini, Trg Portarata mit Triumphbogen, Markt und Forum erstreckt.

Geschichte Im 2. Jh. v. Chr. nahmen **römische Legionäre** die Wallburg der Histrer auf dem Hügel im Zentrum ein und errichteten an ihrem Fuße eine Siedlung, in der sich schon bald Fischer, Handwerker, See- und Kaufleute einfanden. 40 v. Chr. stieg die *Colonia Julia Pollentia Herculanea* in den Rang einer Handelskolonie auf.

Unter *Kaiser Augustus* (27 v.–14 n.Chr.) und bis ins 6. Jh. hinein war *Pietas Julia* – wie Pula damals hieß – eine florierende Provinzkapitale mit über 30 000 Einwohnern und zählte neben Triest, Aquileia und Ravenna zum bedeutendsten römischen Besitz an der Nordadria. 1150 führte Pula zusammen mit Koper die ›Antivenezianische Liga‹ an, die fehlschlug. Die ab 1331 von der ›stiefmütterlichen‹ **Serenissima** sowie von Pest und Malaria schwer gebeutelte Stadt erlebte allmählich den Niedergang. So fanden 1797 Venedigs Erben, die **Österreicher**, ein zwar idyllisches, jedoch unbedeutendes Pula vor. Ein Aufwärtstrend war erst wieder ab 1848 zu verzeichnen, als es unter *Kaiser Franz Joseph I.* österreichischer *Kriegshafen* wurde. Der rasche Ausbau der Stadt begann, die Werften auf der Oliveninsel Uljanik und das riesige Seearsenal am Südhafen entstanden. Nachdem der Wiener Hof Pula 1866 zum wichtigsten Stützpunkt der k.u.k.-Kriegsflotten befördert hatte, wurden zahlreiche Handels- und Kriegsschiffe gebaut und ganze Stadtteile im heutigen Zentrum nach Plänen von Wiener Architekten im Eiltempo hochgezogen. Mit dem Anschluss an die Bahnlinie Wien–Triest 1876 und durch die zahlreichen Zuwanderer, meist Soldaten und Hafenarbeiter aus dem Inneren Kroatiens und Sloweniens, kam nochmals neuer Wind nach Pula. 1910 zählte die multiethnische Hafenstadt, in der offiziell italienisch gesprochen wurde, 60 000 Einwohner. Die kroatische Bevölkerung, die in der Mehrzahl war, bekam eigene Lesevereine und Schulen. Die unruhigen 20er-Jahre des 20. Jh. der italienischen Besatzung waren durch Massenstreiks und Straßenkämpfe geprägt. Von Titos Partisanen 1945 befreit, kam Pula erst 1947 an Jugoslawien. In der Folgezeit wurden der Industriehafen und die Werft modernisiert sowie Feriensiedlungen und Hotelanlagen am Zlatne stijene, im Süden der Stadt, gebaut.

Der ›Torso d'Imperatore‹ im Archäologischen Museum soll Kaiser Augustus darstellen

Von einer seiner schönsten Seiten zeigt sich Pula am Trg Portarata – ganz links sieht man den Triumphbogen der Sergier (29–27 v. Chr.), im gelben Haus daneben wohnte 1904/05 der Dichter James Joyce

Besichtigung Die sich schneckenartig um den Hügel im Zentrum windende Altstadt lässt sich gut zu Fuß, und dies am besten von der am Jacht- und Ausflugshafen für die Brijuni-Inseln liegenden Arena aus erkunden. Auch Bahnhof, Busbahnhof und Parkplätze befinden sich in der Nähe.

TOP TIPP Amphitheater 1

Das monumentale Amphitheater ist ein hervorragend erhaltenes Meisterwerk römischer Baukunst und zählt zu den beeindruckendsten Sehenswürdigkeiten einer Istrien-Reise. Drei sich an Ruhm und Macht übertreffen wollende **Kaiser**, Augustus, Claudius und Vespasian, der Initiator des Kolosseum in Rom, sollen beim Bau der sechstgrößten Arena der Welt ihre Hände im Spiel gehabt haben. Grandios wirken die 33 m hohen **Arkadenbögen**, die sich am Hang eingeschossig, an der Meerseite zweigeschossig erheben. Den oberen Abschluss bildet ein Geschoss mit 64 Öffnungen. Mehr als 8000 m^3 massiver Marmorblöcke fanden Verwendung für den Bau dieses Ovals (132 m x 105 m). Eine architektonische Raffinesse sind die vier seitlichen **Türme**, die als Treppenaufgänge dienten. Jener im Nordwesten trägt eine Gedenktafel für den venezianischen *Senator Emo*, der 1583 die Demontierung der Arena und ihren Abtransport in die Lagunenstadt verhinderte.

Die heute begrünte Arena war in der Antike Schauplatz blutiger Gladiatorenkämpfe und Tierhatzen. Auf dem Vorprogramm standen spannende Wagenrennen. Kriegsgefangene, Sklaven und zahllose Christen fanden einst auf dem 68 x 42 m großen Sandplatz unter dem tosenden Beifall der Zuschauer den Tod. 30 Sitzreihen, die bis zu 26 000 Menschen Platz boten, waren später als Bausteine – vor allem für venezianische Palazzi – heißbegehrt.

Allsommerlich verwandelt sich heute die Arena in eine einzigartige **Freilichtbühne** für die verschiedensten Veranstaltungen: das kroatische Film- und Schlagerfestival, Verdi-Abende sowie Belcanto- und Rock-Konzerte internationaler Stars, wie Placido Domingo, Montserrat Caballé und Sting.

Pulas ganzer Stolz – direkt am Meer erhebt sich das imposante römische Amphitheater

In den unterirdischen Gängen und Räumen ist eine beachtenswerte **Ausstellung** zu Wein- und Olivenanbau in der Antike untergebracht.

Durchs Goldene Tor

Die Arena befand sich in der Antike außerhalb des mit vielen Toren ausgestatteten Mauerrings von Pula. Nur wenige Schritte sind es über die *Amfiteaterska* mit dem Partisanendenkmal im Titov park vorüber bis zum Doppeltor **Porta Gemina** 2 aus der Mitte des 2. Jh. in der *Carrarina*. Im hübschen Park, den man durch das Doppeltor betritt, fällt ein

TOP TIPP

großes neoklassizistisches Gebäude auf, in dem das **Archäologische Museum Istriens** 3 untergebracht ist (Sommer tgl. 9–20, sonst 9–15 Uhr). Fundstücke aus den Wohnhöhlen Istriens und von den Kvarner Inseln, des histrisch-römischen Nesactium [Nr. 21], Architektur- und Skulpturenfragmente aus Pula sowie altslawische Grabbeigaben werden eindrucksvoll präsentiert. Highlight unter den etwa 3000 wertvollen Exponaten ist der *Schatz des histrischen Königs Epulon* (11.– 4. Jh. v. Chr.), der 1981 in der Nekropole von Nesactium entdeckt wurde. Er umfasst u. a. Bronzeschmuck und einen Bronzegürtel mit Steinbock-Reigen, Fragmente einer kostbaren Situla (6./5. Jh. v. Chr.) mit Darstellungen einer Schlacht und eines nackten pflügenden Bauern sowie mit Zickzack- und Spiralenmustern verzierte histrische Gefäße, griechische und etruskische Vasen. Weitere Kleinode sind das wunderschöne etruskische Tongefäß (7./6. Jh. v. Chr.) mit putzigen Fuchsdarstellungen, gefunden bei Poreč, die große ›Magna Mater‹ auf dem Thron aus Nesactium in den Räumen des 1. Stockes, und im Erdgeschoss der sog. ›Torso d'Imperatore‹, vermutlich Kaiser Augustus zeigend, und die ›traditio legis‹ (6. Jh.), ein farbiges Mosaikbild mit dem bartlosen Christus und dem hl. Petrus aus der byzantinischen Basilika S. Maria Formosa del Canetto in Pula [s. S. 52 f.].

Hinter dem Museum schmiegt sich das **Kleine Römische Theater** 4 (2. Jh.) mit den Resten des Bühnenhauses, der erhöhten Orchestra und des zweistöckigen Zuschauerraums an den Festungshügel. Im Sommer dient es als wunderbare Freilichtbühne.

Wer auf der *Carrarina* längs der Stadtmauer zum Korzo Giardini läuft, kommt an der ältesten Sehenswürdigkeit Pulas, der **Porta Herculea** 5 (Herkulestor) aus

Antiker Wohnkomfort – dieser wunderbare Mosaikfußboden mit der ›Bestrafung Dirkes‹ (2. Jh.) stammt aus einer edlen römischen Villa urbana in Pula

der Mitte des 1. Jh. v. Chr., vorbei. Ein verwitterter Krauskopf mit Bart und die Keule sind Indizien für den mythischen Schutzpatron Pulas. Der baumbestandene **Korzo Giardini** 6 mit seinen schönen Straßencafés an den Resten des Mauerrings geht südlich nahtlos in den Trg Portarata über. Hier steht der prachtvolle, 8 m hohe **Triumphbogen der Sergier** 7, den 29–27 v. Chr. Salvia Postuma Sergi zum Ruhme ihrer drei Brüder errichten ließ. Er stand einst am 1829 abgerissenen Haupttor Porta Aurea (›Goldenes Tor‹), durch das die von Aquilea und Triest kommende römische Via Flavia zum Forum führte. Wie eine Gedenktafel besagt, lebte im Haus rechts neben dem Sergierbogen 1904/05 der in Pula als Englischlehrer tätige irische Schriftsteller **James Joyce**.

Vom Triumphbogen lohnt ein Schwenk südostwärts über die hübsche *Flanatička* zum größten und schönsten **Markt** 8 Istriens und des Kvarner (tgl. außer So u. Fei 6–20 Uhr). Unter Kastanien präsentieren Obst- und Gemüseständе ein beinahe unübersehbares Angebot. Die glasüberdachte **Markthalle** im anmutigen Jugendstil wurde vorbildlich renoviert. Ungeheuer reichhaltig ist die Auswahl an Meeresgetier in der Fischhalle. Auf der Ladenetage sitzt man gemütlich im Bistro oder auf dem Balkon eines der Cafés, immer mit Blick auf das kunterbunte Treiben.

Folgt man der belebten *Sergijevaca*, die vom Triumphbogen zum Forum führt, bietet sich ein Abstecher nach links zur *Maksimilijanova* an. Hier steht als kleine **Gedächtniskirche** 9 die südliche Grabkapelle der im 13. Jh. von den

Glas und Eisen – wie wunderbar das zusammenpasst, zeigt die Markthalle von Pula

Venezianern zerstörten großen Basilika S. Maria Formosa del Canetto (6. Jh.). An der Nordseite der Rasenfläche, vor einem Hintereingang der Sergijevaca, liegt ganz versteckt ein 1959 freigelegter Mosaikfußboden. Er stammt aus einer noblen römischen *villa urbana* (2. Jh.) und zeigt die **Bestrafung Dirkes** ⑩. Als Rahmen dienen 40 mit Ornamenten, Rosetten, Delphinen, Fischen, Vögeln und Blumen geschmückte Bilder. In der Mitte dieses wie ein herrlicher Teppich aus Stein wirkenden Mosaiks sieht man, wie Dirke, die der Antiope großes Leid zugefügt hat, von deren Zwillingssöhnen Amphion und Zetos an die Hörner eines Stieres gebunden und zu Tode geschleift wird.

Über den steilen *Svetog Franje Asiškog* geht es von der *Sergijevaca* hinauf zur Franziskanerkirche **Sv. Franje** ⑪ (Anfang des 14. Jh.), die einen begrünten Vorhof mit Lapidarium und ein romanisch-gotisches Portal mit Fensterrosette besitzt. Im großzügigen Inneren stellt eines der schönsten spätgotischen Polyptychen Istriens den Hauptanziehungspunkt dar. Es ist das Werk des Meisters Jakov aus Pula und zeigt die Muttergottes mit Jesuskind und Heiligen.

Auf dem **Forum** ⑫ empfiehlt sich der Besuch eines Cafés als genüsslicher Rahmen für den Blick auf das einzigartige Ensemble aus Antike und Renaissance. Den vollständig erhaltenen **Augustus-Tempel** (2–14 n. Chr.) ziert ein Portikus mit sechs schlanken, 8 m hohen korinthischen Säulen. Die Cella beherbergt eine erlesene Sammlung römischer Skulpturen und Porträtbüsten. Vom **Diana-Tempel** ist nur die Rückwand erhalten. Sie wurde in das aus dem Jahr 1296 stammende und sehr oft erneuerte **Rathaus** mit der Loggia aus dem 17. Jh. integriert. Vom großen Talent einheimischer Bildhauer des 13. Jh. zeugen die Figuren an den Gebäudeecken, der buckelige Telamon und die bildschöne Sirene.

Über die *Kandlerova*, vorbei an einer kleinen Galerie mit hübschen Mitbringseln und dem spätgotischen **Demartini-Palast**, kommt man zum Domplatz, wo einst der Jupiter-Tempel und im 4./5. Jh. eine der ersten christlichen Basiliken stand. Heute erhebt sich hier die große **Marien-Kathedrale** ⑬ (15. Jh.) mit dem Renaissanceportal einer Benediktinerabtei. Den viereckigen Glockenturm

Fast wie neu – der Augustus-Tempel aus dem 1. Jh. auf dem einstigen Forum in Pula

erhielt sie erst Ende des 17. Jh. Das nüchterne dreischiffige Innere besitzt elegante, z. T. antike Säulen, frühchristliche Bodenmosaike (5./6. Jh.), einen Marmorsarkophag (3. Jh.), der als Altarmensa genutzt wird, und im rechten Seitenschiff zu Weihwasserbecken umfunktionierte römische Kapitelle.

Über die enge *Rasparaganov uspon* steigt man vom Domplatz zur – unvollendet gebliebenen – **Festung** ⑭ mit Aussichtsturm, Wehrmauern, vier Bastionen und Zugbrücke am Kastell aus dem 13. Jh. auf dem zentralen der ›sieben Hügel‹ Pulas, wo einst die histrische Wallburg, Kapitol und frühchristliche Kirchen standen. Mit dem Bau der Anlage hatte Venedig 1631 den französischen Militäringenieur Antoine De Ville beauftragt. Im **Historischen Museum** (Sommer tgl. 9–20, sonst 9–16 Uhr) kann man einen Blick auf die Dokumentation über die Werft, Schiffsmodelle und Fotos der k.u.k.-Marine sowie eine alte Apotheke werfen. Von den Mauern genießt man eine herrliche Aussicht auf Pula und die Landschaft ringsum.

Kaiserlicher Einsatz – Seine Majestät höchstpersönlich, Franz Joseph I., legte im Jahr 1891 den Grundstein für die Kirche Madonna del Mare

Auf den Spuren des k.u.k.-Kaisers

Neben dem Bahnhof und dem Hotel Riviera im Sezessionsstil nahe der Arena fallen in der Verlängerung der Riva einige Bauten aus der Zeit **Kaiser Franz Josephs I.** (1830–1916) auf. Hier stehen das Sanitätsgebäude, das mit einem Portikus versehene Stabsgebäude und die Infanteriekaserne. Das **Marinekasino** 15 liegt in einem herrlichen Park südlich des *Trg Portarata*. Hier vergnügten sich die Offiziere mit ihren Damen. Oder man besuchte in der benachbarten *Matka Laginje* das **Theater**, heute Istrisches Volkstheater. Südlich der Altstadt, oberhalb des Seearsenals, steht an der *Bečka*, die in den Vorort Stoja führt, die herrliche neobyzantinische Marinekirche **Madonna del Mare** 16 mit Statuen und Mosaikbildern von Heiligen an der Fassade. Ins Auge fällt auch das von Löwen und zwei Säulen in Form von Tauknoten flankierte Hauptportal. Im Inneren bietet die mit Mosaiken vergoldete Apsis einen großartigen Anblick. Den Grundstein für diesen Sakralbau legte 1891 der Kaiser selbst.

Luxushotel, das seinesgleichen in Istrien sucht – das ›Histria‹ in Pula

Im nahen *Stoja* liegt im Schatten von Zypressen der **Marinefriedhof** 17 (1861, Mornaričko spomen groblje), auf dem 150 000 k.u.k.-Matrosen und -Offiziere sowie italienische und deutsche Weltkriegssoldaten ihre letzte Ruhestätte gefunden haben.

Pulas senkrecht abstürzende ›Goldene Klippen‹, der **Zlatne stijene** zwischen den Landspitzen Stoja und Verudela, präsentieren ein buntes Nebeneinander von Stränden, Ferienanlagen, Hotels, schönen Spazierwegen über dem Meer und dem Jachthafen Veruda.

Praktische Hinweise

Tel.-Vorwahl Istrien: 0 52

Information: Turistička zajednica, Istarska 23, Tel. 21 29 87, Fax 21 18 55, Internet: www.istra.com/pula

Hotels

**** **Scaletta**, Flavijevska 26, Tel./ Fax 54 15 99. Kleines Hotel nahe dem Amphitheater. Gutes Restaurant.

*** **Histria**, Verudela, Tel. 57 66 17, Fax 21 41 75. Kaphotel mit Aussicht und Bademöglichkeiten an den pittoresken ›Goldenen Klippen‹.

TOP TIPP *** **Milan**, Stoja 4, Tel. 21 02 00, Fax 21 05 00. Internet: www.milan1967.hr. Kleines, gut geführtes Haus mit fabelhaftem Restaurant nahe der Madonna del Mare.

* **Riviera**, Splitska 1, Tel. 21 11 66, Fax 21 21 39. K.u.k.-Pracht von 1908 nahe der Arena, innen aber schlichtes Ambiente.

Cafés und Restaurants

Diana, am Forum. Beliebte Kaffeebar mit Galerie.

Galerija Cvajner, am Forum. Kaffee und internationale Kunst in extravagantem Jugendstil-Ambiente.

Delfin, Kandlerova 17, Tel. 22 22 89. Gemütliches Gartenrestaurant mit Menüs und à la carte-Speisen am Dom.

Varaždin, Istarska 30, Tel. 21 06 49. Große Auswahl an kroatischen Spezialitäten und guten Weinen nahe der Arena.

19 Rt Kamenjak

Das Surferdorf Premantura und die wildromantische Südspitze Istriens.

Die Halbinsel Istrien läuft im 10 km langen, 1,5 km breiten und 47 m hohen Kap Kamenjak südlich von Pula spektakulär aus. An der vielgegliederten Nordwestküste um die Sandbucht **Pješčana uvala** ist diese Halbinsel noch dicht mit Pinienwald bewachsen. **Premantura**, der südlichste istrische Ort am höchsten Punkt des von schroffen Felsküsten gesäumten Kaps gelegen, ist ein beliebtes *Surfer-* und *Camperrevier*. Ein hübsches Fleckchen ist der kleine Dorfplatz mit den Eiscafés und Gasthäusern ringsum und der nachts romantisch angestrahlten Laurentiuskirche.

1997 wurde das 6 km lange Südende Istriens als **Naturpark Rt Kamenjak** unter Landschaftsschutz gestellt. Man kann hier herrlich wandern, biken, baden, angeln und tauchen. Von der rotstaubigen holprigen Piste, die das muldige Gelände durchzieht, zweigen immer wieder Hohlwege ab zu einsamen Buchten an der Westküste und zum *Medulinski zaliv*, wo häufig auch Segelboote und Jachten im

Am südlichsten Zipfel Istriens – für Erholungsuchende ist das ruhige Rt Kamenjak genau das richtige Plätzchen

Wasser schaukeln. Die dicht bewachsene Südspitze begeistert am Westufer mit hohen Klippen, von denen man einen einmaligen Blick auf die Inseln Cres und Lošinj sowie bis zum Učka-Massiv genießen kann. Unterhalb der ebenso einmaligen Klippenbar ragt auf dem **Felsriff Porat** der 35 m hohe Leuchtturm auf.

Praktische Hinweise

Tel.-Vorwahl Istrien: 0 52

Information: Turistbüro Premantura, Dorfplatz, Tel. 57 55 93, Fax 57 71 45

Restaurants

Fra & Kat, Premantura, Tel. 57 53 73. Die beste Adresse für Krebsgerichte, nicht nur zum Krebsfest am 1. Mai.

TOP TIPP **Valsabbion**, Pješčana uvala IX/26, Tel. 22 29 91, Fax 21 80 33, Internet: www.valsabbion.com. Schön am Meer gelegenes Haus mit hervorragendem Restaurant. Kompositionen wie istrischer Carpaccio, gefüllte Seezunge und Schafsfrischkäse mit Honig und Pignolen sprechen das Auge und den Gaumen gleichermaßen an. Gehobene Preise.

Vela Nera, Pješčana uvala, Tel. 21 92 09. Im ›schwarzen Segel‹ des Jachthafens Veruda kann man vorzüglich speisen – u. a. *fagotini* mit Muschelsauce – und kroatische Spitzenweine trinken.

20 Medulin

Die schönste und südlichste Bucht Istriens lockt mit ihrer ländlichen Atmosphäre Bade- und Aktivurlauber an.

Auf dem Weg von Pula oder dem Rt Kamenjak nach Medulin durchquert man fruchtbares Ackerland, dessen Produkte wie süße Melonen, Feigen oder Trauben gelegentlich am Straßenrand zum Kauf angeboten werden. Das sich zwischen Rt Kamenjak und Rt Marlera ausbreitende große **Medulinski zaliv** – 70 km herrlich zerklüftete Küste mit den flachen Landzungen Pomer mit Jachthafen, Vižula und Kašteja, Fels-, Sand- und Kiesstränden, von Pinienwäldern und Inselchen umgeben und mit guten Windverhältnissen – ist seit langem ein beliebtes Urlaubs- und Wassersportparadies.

Der Ort Medulin selbst, mit seiner Promenade an der flachen Fischerbucht Porat, bietet 17 000 Urlaubern Unterkunft. Sie nächtigen in Pensionen und Apartment-Häusern, mittelgroßen Badehotels am Sandstrand Pisak, auf einem Campingplatz auf der Kašteja und dem FKK-Camping am Rt Marlera. Souvenirläden und viele Restaurants drängeln sich um den munteren **Dorfplatz**, auf dem Bäuerinnen aus dem Umland lautstark

Medulin, südöstlich von Pula, ist vor allem ein Wassersportort der Superlative

ihre Feldfrüchte feilbieten. Abends ist er der Treffpunkt der Touristen. Vorbei an der einzigen zweitürmigen Kirche Istriens führt eine Straße ins hübsche Hügeldorf **Ližnjan** und zu seiner Fischerbucht Kuje an der schroffen Südostküste. Auf der Überlandfahrt von Ližnjan durch Šišan erreicht man die bedeutendste Ruinenstätte Istriens, Nesactium [Nr. 21].

Praktische Hinweise

Tel.-Vorwahl Istrien: 0 52

Information: Turistička zajednica, Tel./Fax 57 71 45 (auch Premantura)

Hotels

*** **Arcus Residence**, Medulin, Tel. 38 18 14, Fax 38 17 99. Luxus in ländlicher Umgebung.

** **Mutila**, Medulin, Tel. 57 60 04, Fax 57 68 36. Gutes Mittelklassehotel mit Swimmingpool und Sportanlagen.

Camping

Medulin, Tel. 57 60 40, Fax 57 60 42. Anlage auf der Kašteja mit Sand- und Felsstränden.

Kažela, Tel./Fax 57 74 60. Komfortables Camping-Feriendorf am Meer mit Naturistenzone.

Restaurants

Bistro El Niño, Medulin, Uferstraße. Nettes Terrassenlokal mit gemischtem Publikum.

Candis, Medulin, Tel. 57 28 10. Fangfrischer Fisch im Camping Medulin.

Mižerija, Medulin. Einfaches Fischlokal direkt an der Fischerbucht.

Oštriga, Pomer, Tel. 57 30 77. Etwas teurer, aber Spezialitäten wie gebackener Drachenkopf sind ihren Preis wert.

Restaurant 15, Medulin, Tel. 57 69 02. Feinste istrische Fisch- und Fleischgerichte abseits des Touristentrubels.

21 Nesactium

Die histrische ›Vorgängerin‹ Pulas.

12 km nordöstlich von Pula liegt landschaftlich einmalig in der entlegenen karstigen Hochebene über der Südostküste die Ruinenstätte Vizače-Nesactium. Sie war die **Metropole** und **Kultstätte** der illyrischen Histrer, der Ureinwohner Istriens, die um 1200 v. Chr. diese Region zu besiedeln begannen. Dem Historiographen Titus Livius zufolge sahen sich die Römer 177 v. Chr. an dieser Stelle 20 000 feindlichen Kriegern gegenüber. Erst nachdem sie diese besiegt hatten, konnten sie das Histrerreich an sich reißen. Die **Legende** berichtet, dass die stolzen Histrer lieber den Freitod wählten, als in die Hände der Eroberer zu fallen. Ihr tapferer **König Epulon** soll zuvor noch seinen ›Schatz‹ vergraben haben [s. S. 51].

Auf den Spuren der illyrischen Histrer, Istriens Ureinwohnern, wandelt man in der Ausgrabungsstätte Nesactium

Tatsache ist, dass auf der **größten Ausgrabungsstätte** Istriens die Spuren der gesamten Frühgeschichte, der histrischen Kapitale, des römischen Municipium und des byzantinischen Castrum, präsent sind – allerdings nur noch in Form von Grundmauern. Die Fragmente der histrischen Zyklopenmauern gehen auf die Bronzezeit zurück, das Haupttor Porta Pollensis, Reste eines Kapitols mit drei Kulthallen, der Atriumhäuser, Thermen und des Forums stammen aus der Regierungszeit von Kaiser Claudius (41–54 n. Chr.). Die Grundmauern der benachbarten frühchristlichen Basiliken schließlich datieren ins 4. Jh. Im **Archäologenhäuschen** kann man sich anhand von Dokumentationen und Lageplänen über die Ausgrabungen informieren, die diesen Ort weltberühmt machten.

RNER

Die Ostküste von Labin bis Opatija – herrliche Felsbuchten und Kiesstrände, Adelsvillen und eine Grandezza

Nach Überquerung des teilweise schluchtartigen **Raša-Tals** erreicht die E 751 in Windungen die sich bis zur Bucht von Rabac ausbreitende, aber hier wenig attraktive Halbinsel **Koromačno**. Ein kleiner Frachthafen mit Bahngleis prägt das Bild an der polderartigen **Raša-Mündung**. Die Straße steigt anschließend schnell durchs enge Krapan-Tal, wo man in der einstigen Bergmannsstadt **Raša** eine moderne Kirche in Form einer umgedrehten Lore erblickt, hinauf nach **Labin**. Wunderschön ist seine sich hoch über dem Meer akropolisartig ausbreitende Altstadt. Eine 4 km lange Serpentinenstraße führt von Labin in das am Südfuß des bewaldeten Uferbergs Standar (474 m) verborgene, im Sommer sehr trubelige südostistrische Badezentrum **Rabac**. Die E751 erreicht anschließend am **Rt Mašnjak** die eigentliche, vom höchsten Bergmassiv Istriens, dem **Učka** (1401 m), allein beherrschte und weit gewundene Ostküste Istriens (Opatijska riviera) mit dem reizenden Seebad **Lovran** und der berühmten Belle-Époque-Stadt **Opatija**, einem der ersten Seebäder des Mittelmeeres überhaupt.

22 Labin

Hübsche Geburtsstadt des Illyricus.

Das auf 320 m Höhe an den Flanken der Halbinsel Koromačno gelegene Labin besitzt eine der schönsten Altstädte Istriens. Sie hat sich während des Mittelalters innerhalb der Festung entwickelt.

Geschichte Das heutige Labin war schon als **Albona** in illyrisch-keltischer Zeit und später als römisches **Albonesium** aufgrund seiner strategisch günstigen Lage ein bedeutender Ort. 476 kamen die **Ostgoten**, 539 die **Byzantiner**, anschließend die **Langobarden** und **Franken** in die Stadt im Grünen. Ab 1207 besaß Labin einen eigenen Rat und eine eigene Rechtsprechung, die auch die **Venezianer**, welche den Ort 1420 in Besitz nahmen und im 16. Jh. befestigten, akzeptierten. Die Vorstadt mit dem Hauptplatz Črć entwickelte sich im 17. Jh. Im 19. Jh. förderte der **Wiener Hof** in der Region von Labin verstärkt den Steinkohleabbau. Nachdem sich 1918 Italien der Gruben bemächtigt hatte, riefen die unterdrückten Bergleute und Bauern am 2. März 1921 die **Labinska republika**, die Republik Labin, aus, die allerdings nach nur 36 Tagen brutal niedergeschlagen wurde. Die Revolutionäre schlossen sich 1941 Titos Partisanen an und trugen maßgeblich zur Befreiung Istriens 1945 bei. Ende der 70er-Jahre des 20. Jh. wurde der Bergbau wegen Einsturzgefahr der Altstadt gestoppt und die herrliche Felsküste von Rabac zum Hotelufer ausgebaut.

◁ **Oben:** *Blick auf die zauberhafte Altstadt von Labin*

Unten: *Die imposante, einladende Fassade des k. und k.-Luxushotels Kvarner in Opatija*

Besichtigung Es empfiehlt sich, den kurzen Weg von der Kreuzung nach Rabac zum lebhaften **Hauptplatz Črć** (Titov trg) mit seinen einladenden Cafés und dem prächtigen Stadtpalast im Stil der italienischen Renaissance (um 1900) hinaufzulaufen. Die hinter Bäumen verborgene Loggia mit Lapidarium (Gaststätte) und die Bastion aus dem 16. Jh. stimmen auf die oberhalb gelegene Altstadt ein. Durch das **Haupttor Sv. Flor** (1587) im Stil der Hochrenaissance, mit

Stadtwappen und venezianischem Löwen, gelangt man auf den bunten **Stari trg** mit dem alten Rathaus (16. Jh.) und dem kleinen Theater mit Uhrturm (1843). Entlang der Steilgasse *1. Maja* reiht sich ein interessanter Bau an den anderen: der prächtige Scampicchio-Palast (1570), die ockergelbe Stephanskapelle (17. Jh.), der herrliche barocke Palast Battiala-Lazzarini (Anfang des 18. Jh.) und die Pfarrkirche **Mariä Geburt** (14.–16. Jh.). Die attraktive Fassade des Gotteshauses schmücken u. a. Wappen, eine schlichte Fensterrose (1334) und ein geflügelter Markuslöwe. Den heiteren Innenraum zieren schöne Bilder unbekannter venezianischer Maler.

Der Battiala-Lazzarini-Palast beherbergt heute ein sehenswertes **Museum** (im Sommer tgl. 10–13 und 17–19 Uhr). Es präsentiert römische Funde, außerdem bäuerliche Handwerksgeräte, Gebrauchsgegenstände und Trachten. Im oberen Stockwerk befinden sich der ›Festsaal der Familie Lazzarini‹ und eine Galerie mit wechselnden Ausstellungen. Die besondere Attraktion für Kinder ist ein **Mini-Bergwerk**.

Weiter oben sollte man den venezianischen **Glockenturm** neben dem Erzbischöflichen Palast (15. Jh.) erklimmen und von hier oder vom östlich gelegenen Aussichtspunkt **Fortica** (17. Jh.) den Blick über die Bucht von Rabac und über Podlabin schweifen lassen. Durch die Straße *9. Septembra* geht es an der Südseite hinab zur San-Marco-Promenade mit dem Uskoken-Tor hinter der Loggia. Die die Nordseite Labins begrenzende *Martinuzzi* säumen schöne barocke Paläste aus dem 18. Jh. und die kleine Kirche der Gottesmutter vom Karmel (1615), in der die **Galerie Alvona** beheimatet ist. Sie zeigt Werke kroatischer, aber auch internationaler Künstler.

Im **Franković-Palast** (1. Stock) gleich an der Biegung ist eine Gedenksammlung zu Ehren des berühmtesten Einwohners Istriens untergebracht. Matija Vlačić Ilirik alias *Matthias Vlacius Illyricus* (1520–1575), Reformator und Gefährte Martin Luthers, lehrte als Theologe u. a. in Wittenberg und Straßburg und galt als der bedeutendste und einflussreichste Publizist in der zweiten Phase der deutschen Reformation.

Praktische Hinweise

Tel.-Vorwahl Istrien: 0 52

Information: Turistička zajednica, Aldo Negri 20, Tel. 85 55 60, Fax 85 51 99, Internet: www.istra.com/rabac (für Labin und Rabac)

Camping

Marina, Tel. 87 90 58, Fax 87 90 44. Auf einer Landzunge der Koromačno-Halbinsel gelegen und über Alt-Labin zu erreichen, mit Felsstrand sowie gutem Tauchrevier.

Restaurants

Dubrova, im Skulpturenpark Dubrova, Tel. 85 54 04. Gourmetküche in einem alten Landsitz und auf herrlichen Terrassen.

Due Fratelli, zwischen Labin und Rabac. Gut geführtes Restaurant im Wald.

Velo kafe, Labin, Titov trg, Tel. 85 67 45. Pizzeria, Kaffeehaus und Rock-Café auf dem belebten Hauptplatz.

23 Rabac

Badeort am tiefblauen Kvarner mit einer langen, buchtenreichen Felsküste.

In dem beliebten, in den Sommermonaten sehr trubeligen Badeort zu Füßen von Labin stapeln sich viele mediterran anmutende Häuser und Villen an den steilen Hängen. Im kleinen, vor der Bora gut geschützten **Hafen** schaukeln Fischkutter, Ausflugsschiffe und ein Glasbodenboot. Für Buchungen stehen Tourismusagentu-

Immer in Form bleiben heißt die Devise – Inlineskater proben ihr Können auf der Uferpromenade von Rabac

Ganz im Zeichen von Sommer, Sonne, Ferienfreuden steht der Ort Rabac mit seinem hübschen Hafen und dem herrlichen Uferweg ...

ren zur Verfügung. Die große, von Hotels aus den 70er-Jahren des 20. Jh. gerahmte **Olivenbucht** im Westen ist für Camper reserviert. Östlich des Rt Andrija reihen sich am luftigen Piniensaum oberhalb der schönsten **Kieselstrände** mehrere kleinere Badehotels aneinander. Pfade führen in entlegene Buchten, wo auch nackt gebadet werden kann.

Der **Wanderweg** nach Labin verläuft vorbei an Schluchten und kleinen Wasserfällen. Übrigens: Rabac und Labin verfügen insgesamt über 40 km markierte Wanderwege, und auch anspruchsvolle Radfahrer kommen auf den teils sehr steilen Straßen voll auf ihre Kosten.

Unbedingt einen Besuch lohnt auch der große **Skulpturenpark Dubrava** an der E 751 Labin – Vozilići.

Praktische Hinweise

Tel.-Vorwahl Istrien: 0 52

Hotels

*** **Lanterna**, Tel. 87 22 13, Fax 87 20 68. Ruhiges, im Grün des Andrijakaps gelegenes Familienhotel.

*** **Neptun**, Tel. 87 22 77, Fax 87 25 61. Angenehmes Badehotel am östlichen Uferrand mit Swimmingpool und großer Liegeterrasse.

** **Apollo**, Tel. 87 22 22, Fax 87 23 45. Gepflegtes Hotel mit Blick auf den Fischerhafen.

Restaurants

Nostromo, am Uferweg, Tel. 87 26 01. Auf der Hafenterrasse serviert man Köstliches vom Fisch wie Seedrachen-Carpaccio und Seebarschfilet mit Trüffelsoße.

Rapčanka, am Uferweg, Tel. 87 27 84. Freundliches Fischlokal.

... er zählt zu den stark frequentierten Urlaubszentren Istriens

24 Rt Mašnjak

Geburtskap des Učka-Massivs.

Bei Vozilići, wo die Straßen von Pazin [Nr. 13] und von der istrischen Nordroute Buzet–Rijeka auf die E 751 treffen, geht die Hochebene von Labin nahtlos in die größte istrische Schwemmlandebene Čepićko polje über, einst ein periodischer Karstsee entlang der abschüssigen und kahlen Westhänge des Učka-Massivs.

Die E 751 windet sich dann nach **Plomin** hinauf. Von hier hat man einen fantastischen Blick in das 3,5 km lange, smaragdgrüne *Plominski zaljev*. Die Straße erreicht schließlich die Ostküste Istriens am 247 m hohen, spektakulären **Rt Mašnjak**. An diesem Kap mit der einzigen umfassenden Sicht auf die Insel Cres [Nr. 41] und das Plominski zaljev steigt das höchste Gebirgsmassiv Istriens, der **Učka**, aus den Fluten des Kvarner Golfs bis zum Gipfel Vojak (1401m) auf. Es bestimmt in dieser Region das Klima – im Winter sehr mild! – und trennt die 30 km lange berühmte *Opatijska riviera* deutlich vom restlichen Istrien ab.

Auf dem ›istrischen Olymp‹ Učka

TOP TIPP

Der lang gestreckte Bergrücken des **Učka** *ist eine herrlich-einsame Wandergegend mit markierten Wegen, die immer wieder wunderbare Blicke aufs Meer und die Halbinsel Istrien ermöglichen. An klaren Tagen reicht die Sicht sogar bis zur norditalienischen Küste und zu den Julischen Alpen.*

Man kann auf der alten Passstraße hinauf zum **Poklon** *fahren und dann in 1,5–2 Stunden den auch bei Drachenfliegern beliebten Gipfel* **Vojak** *(1401 m) erklimmen.*

Sehr beliebt sind außerdem Touren von der Opatijska riviera aus durch ausgedehnte Wälder, über die terrassenartig geschichteten Südosthänge und entlang der Felswände. Sie dauern 3–6 Stunden und sind nur erfahrenen Bergwanderern zu empfehlen.

25 Kastell Mošćenice, Mošćenička Draga und Medveja

Im Sommer überfüllte Kieselstrände und ein Kastell oberhalb.

Wenn man auf der E 751 die Abfahrt nach Brestova, dem Fährhafen zur Insel Cres, und das hübsche Klippenkastell **Brseč** hinter sich gelassen hat, zweigt links eine **Panoramastraße** mit herrlichen Ausblicken auf die Kvarner Bucht ab. Durch Bergdörfer an den hohen Südhängen des Učka gelangt man zuerst zum **Kastell Mošćenice**. Dieses überaus schmucke Ausflugsziel, das sich auf einer 173 m hohen Waldkuppe drängt und 1374 erstmals erwähnt wurde, empfängt den Besucher mit einem Restaurant, einer Loggia, dem mit Habsburger Wappen geschmückten Tor (1634) und einem kleinen Museum mit Ölmühle. Den marmornen Hauptaltar in der barocken Andreaskirche zieren Skulpturen (18. Jh.) eines italienischen Bildhauers.

Anschließend erreicht man das malerische **Mošćenička Draga**, wo sich an der fast 2 km langen Strandpromenade – zwischen dem kleinen Fischerhafen und dem überaus idyllischen Strand Sv. Ivan – Hotels, Eisdielen und schöne alte Villen aneinanderreihen. Vom Restaurant Rubin aus kann man dann, wie einst die Fischer mit ihrem Fang, über einen 2 km langen Weg mit 745 Stufen zum Kastell Mošćenice auch zu Fuß hinaufsteigen.

4 km entfernt liegt – zwischen dem leicht vorspringenden Felskap Cesara mit dem Schloss Castello (Privatbesitz) und dem Rt Medveja mit Fischermole und der Villa Susmel – **Medveja**, ein wunderschöner, kilometerlanger, pinien- und föhrengesäumter Kieselstrand. Dieser beliebte Badeplatz trägt

TOP TIPP

Perfektes Strandglück und einen hinreißenden Blick auf die gegenüber liegende Insel Cres garantiert Mošćenička Draga

den Namen der tragischen griechischen Königstochter Medea.

Praktische Hinweise

Tel.-Vorwahl Kvarner: 051

Information: Mošćenička Draga: Turistička zajednica, Aleja Slatina 12, Tel./Fax 73 75 33. Medveja: Turistička zajednica, Tel./Fax 29 12 96

Hotels

** **Marina**, Mošćenička Draga, Tel. 73 75 04, Fax 73 75 84. Gemütliches Strandhotel mit Swimmingpool.

** **Villa Liana**, Richtung Lovran, Tel. 70 41 25, Fax 70 42 90. Schöne Lage in einem Lorbeerbaumpark am Meer.

Restaurants

Benito, Mošćenička Draga, Tel. 73 75 02. Fischgaststätte mit Blick auf Fischerboote und zum Strand Sipar.

Osijek, Mošćenička Draga. Einfaches Sommerlokal, in dem u. a. gefüllte Paprika und *sarma* kredenzt werden.

Perun, Mošćenice, Tel. 73 75 15. Mit herrlichem Blick auf die Kvarner Bucht kann man hier istrische Spezialitäten speisen; Zimmer.

Rubin, Mošćenička Draga, am Strand Sv. Ivan. Typisches Strandrestaurant mit Fisch- und Fleischgerichten.

26 Lovran

Ältester Ort der Opatijska riviera.

Dieses Seebad, von üppigen, mit Esskastanien-, Kirsch- und für die *Opatijska riviera* so typischen Lorbeerbäumen bestandenen Hängen umgeben, orientiert sich am noblen Vorbild Opatija. Prachtvolle Bauten in herrlichen Parks mit exotischen Bäumen und Gewächsen, Opatijas vornehme Jugendstilvillen mit Tür-

Traumhafte Spaziergänge mit Meerblick – der Lungomare zwischen Lovran und Volosko ist dafür wie geschaffen

In Marmor gebettet – ›Legende der hl. Ursula‹ nach dem Carpaccio-Original

Wohnkultur mit Stil

Die von dem Wiener Rechtsanwalt **Michael Ruault-Frappart**, *Sohn des berühmten Choreographen an der Wiener Staatsoper, Louis Ruault-Frappart, in Auftrag gegebene und von dem Wiener Architekten Karl Seidl 1900 erbaute* **Villa Frappart** *am Lungomare von Lovran gilt als der schönste* **Edelsitz** *der Opatijska riviera [s. S. 65]. Der rosafarbene Marmor an der Fassade stammt aus Verona, jener im Blauen Saal aus Griechenland. Die Fensterscheiben bestehen aus belgischem Kristallglas, die kleine Loggia, Tür- und Fensterrahmen sind in kostbarem gelben Siena-Marmor gehalten. Die großflächigen Gemälde zur ›Legende der hl. Ursula‹ sind Kopien der Carpaccio-Originale in der Accademia in Venedig. Besonders prächtig ist auch die* **Kolonnade** *zum Meer hin, im* **Park** *steht das steinalte Relief eines Markuslöwen.*

Die Villa Frappart war 1991–2001 der Sitz der Musikakademie ›Ino Mirković‹, deren Schirmherr der berühmte kroatische Pianist Jvo Pogorelić ist, und zugleich eine luxuriöse Hotelunterkunft am bereits legendären Lungomare, dem Villen-Felsenuferweg von Lovran und Opatija.

men und Erkern häufig noch übertrumpfend, reihen sich entlang dem im 19. Jh. auf den Felsklippen perfekt angelegten **Lungomare**. Der mit 12 km längste und prächtigste Spazierweg an der ostadriatischen Küste verläuft vom Fischerhafen in Lovran über die kleinen Rivieraorte Ika und Ičići bis zur Hautevollee-Stadt Opatija und zum Fischerstädtchen Volosko.

Der Überlieferung zufolge soll hier schon Marcus Vipsanius Agrippa, der Schwiegersohn von Kaiser Augustus, eine Sommerresidenz besessen haben. Als »lebhaftes Seestädtchen« wird **Lauriana** (lat. *laurus* für Lorbeer) im 7. Jh. in der ›Ravennischen Kosmographie‹ erwähnt. Von 1374 bis 1918 waren Lovrans Ländereien an den steilen Ostflanken des Učka – mit kurzer Unterbrechung durch die Ära Napoleon – im Besitz der Habsburger. Vom Ausbau Opatijas zum noblen Seebad des k.u.k.-Geburts- und Geldadels im 19. Jh. profitierte auch das idyllisch gelegene Lovran.

Vom ältesten Gotteshaus an der Riviera, der kleinen romanischen **Trinitätskirche** (13. Jh.) am Hafen, gelangt man durch das Tor Stubice und die engen, überwölbten und mit Außentreppen, Erkern und Balkons ausgestatteten, labyrinthisch verwinkelten Gassen zum *Hauptplatz* mit der mehrfach umgebauten **Georgskirche** (14. Jh.). Ihr romanischer Glockenturm stammt noch aus dem 12. Jh. Im Presbyterium und am Triumphbogen beachte man die für Istrien und Kvarner so typischen mittelalterlichen Fresken mit originell interpretierten Heiligenlegenden und musizierenden Engeln. Das **Haus zum hl. Georg**, bis 1870 Rathaus, ziert ein farbiges Holzrelief. Im nahen Kastell findet man neben einem kleinen Seemuseum die *Galerija Fortezza*, in der man auch Werke des kroatischen ›Städtemalers‹ Charles Billich kaufen kann.

Gebadet wird entlang der **Promenade** zwischen dem Hotel Excelsior und der Villa Frappart. Oberhalb breitet sich der schöne Park **Komuščak** mit seinen üppigen subtropischen Gewächsen aus.

Praktische Hinweise

Tel.-Vorwahl Kvarner: 051

Information: Turistička zajednica, Tel. 29 17 40, Fax 29 43 87, Internet: www.tz-lovran.hr

Unterkunft

TOP TIPP **Lovranske vile**, Ičići, Poljanska 27, Tel. 70 42 76, Fax 70 41 83, Internet: www.lovranske-vile-com. Vermietung von schönen Apartments in stilvollen Lovraner Villen sowie des Landhauses Oraj (6 km).

Hotels

*** **Excelsior**, Tel. 29 22 33, Fax 29 19 89. Großes komfortables Badehotel mit Swimmingpools und dem bekanntesten Morčić- (Mohren-)schmuck-Juwelier an der Riviera.

*** **Pension Štanger**, Tel./Fax 29 11 54. Das familiäre, angenehme Haus bietet Zimmer mit Halbpension.

*** **Villa Oaza**, Dorf Oprić, Tel. 29 19 61. Oberhalb von Lovran gelegene Herberge mit Blick auf Kvarner.

Restaurant

Villa Guerra, Viktora Cara Emina 11, Tel. 29 44 00. Modernes Restaurant im stilvollen k.u.k. -Villa-Ambiente mit hervorragenden Kvarner Gerichten und Ayurveda-Küche.

Kvarner, M. Tita 65, Tel. 29 11 18. Großes Hafenlokal mit leckeren Fisch- und Grillgerichten. Im Café gegenüber gibt es süße Köstlichkeiten und Eisspezialitäten.

27 Veprinac

Vom Meer auf den 922 m hohen Učka-Bergsattel Poklon.

Diesen Ort, Sitz der Habsburger ab 1466, mit herrlichem Ausblick aufs Meer, erreicht man von Ičići – mit nobler Marina und schmalem Kieselstrand – aus auf einer kurvenreichen Straße, die weiter steil zum Bergsattel Poklon ansteigt. Stadttor, Loggia und Rathaus in der Oberstadt sind noch recht gut erhalten. Beachtung finden sollte auch das schön geschnitzte Chorgestühl in der barocken Markuskirche (1574).

Der bewaldete Bergsattel **Poklon** ist Ausgangspunkt für herrliche **Wanderungen**. Ein gut begehbarer Weg führt u. a. zum höchsten Gipfel des Učka, dem kahlen **Vojak** (1401 m).

Wer wie einst die Römer den Weg über den Učka-Pass nimmt, z. B. von der Ost- zur Westküste, genießt grandiose Ausblicke auf das sich wie ein grüner Teppich ausbreitende Inneristrien.

Praktische Hinweise

Tel.-Vorwahl Kvarner: 0 51

Restaurants

Commodore, Ičići. Fischspezialitäten am Jachthafen.

Dopolavoro, Učka 9. An der Passstraße in fast 1000 m Höhe kommen in diesem beliebten Waldrestaurant deftige Wild-, Pilz- und *peka*-Gerichte auf den Tisch.

28 Opatija

Plan Seite 66/67

Belle Époque und Wiener Melange, rote Kamelien im Winter und Disko-Partys im Sommer.

Ein wenig nostalgisch und ein wenig mondän, beschwingt bis laut, so präsentiert sich das beliebte Jahrhundertwende-Seebad Opatija seinen Gästen. Von Architekten der Donaumonarchie für Winterkuren am Meer und für den reichen k.u.k.-›Jet-set‹ herausgeputzt, zieht Opatija heute allsommerlich Scharen von Besuchern an. Tagsüber herrscht dann dichtes Gedränge in der großen, meist hoffnungslos überfüllten **Badeanstalt Slatina** mit ihren Strandbars direkt vor den Prachthotels am Boulevard und im alten **Lido Jadran** am Angiolina-Park. Nachts vergnügt man sich in den vielen Diskos und Nightclubs, tanzt wie in guten alten Zeiten Walzer und Tango auf Hotelterrassen oder spielt Roulette im Kasino. Stammgäste bevorzugen jedoch noch immer die ruhigere Nebensaison während der sehr milden Wintermonate.

Es sind auch die einmalig schönen **Spazier- und Wanderwege** auf dem Lungomare bis Lovran und Volosko, durch herrliche englische und französische Parks oder duftende Wälder zu

Auch ein güldener Rücken kann entzücken – Opatijas Wahrzeichen, die hinreißende Statue ›Gruß an das Meer‹ am Lungomare

Freie Sicht auf Rijeka genießt man von der Badeanstalt Slatina in Opatija

Bergdörfern des Učka, die das Kur- und Seebad für 12 000 Gäste zu jeder Jahreszeit attraktiv machen.

Geschichte Seinen Namen verdankt Opatija einer im 15. Jh. entstandenen Abtei (kroat. *opatija*; ital. *abbazia*) der Benediktiner, seinen Aufstieg zum **Modebad** u. a. der Fertigstellung der Straße Rijeka–Lovran 1843. Im Jahr darauf ließ der sehr reiche Rijeker Kaufmann *Iginio Scarpa* nahe der Jakobskirche die nach seiner Triestiner Frau benannte **Villa Angiolina** erbauen. 1867 richtete man die Dampfschifffahrtslinie Rijeka–Opatija ein. 1884 wurde der Bahnhof Matulji am Hang östlich des Ortes eröffnet. Als die *›Wiener Südbahn‹* 1883 die sonnigen Weingärten um die Villa Angiolina aufkaufte und Direktor *Friedrich Julius Schüler* in Wien eifrig um Käufer für die Grundstücke warb, nahm der Hotel- und Villenboom seinen Anfang – und bis 1914 kein Ende. So gehörte es zu Beginn des 20. Jh. zum guten Ton, nicht nur regelmäßig in Meran, Bad Ischl und Karlsbad, sondern auch in Abbazia an der exotischen kvarnerischen ›Kamelienküste‹ abzusteigen.

Besichtigung Wer auf dem **Lungomare** von Ičići kommt, dem fällt sogleich am Punta Kolova die schöne Sezessions-**Villa Ariston** ❶ (Restaurant und Zimmer) auf. Sie wurde errichtet von dem Wiener Architekten Karl Seidl, der das Bild Opatijas und seiner Riviera im typisch adriatisch-heiteren Jugendstil maßgeblich geprägt hat. Der Bau der kleinen **Evangelischen Kirche** ❷ beim Grand Hotel Adriatic, in der heute Gottesdienste in mehreren Sprachen stattfinden, wurde vom schwedischen König Oskar II. und Kaiser Franz Joseph I. mitfinanziert. Hinter dem Hotel Admiral mit Jachthafen liegt das viel besuchte **Thalassocenter** ❸. Anschließend trifft man auf die direkt am Lungomare stehende herrliche **Villa Madonna** ❹ (heute Restaurant).

Am Verkehrsknotenpunkt in Opatija, dem Hauptplatz mit Busbahnhof und Springbrunnen, setzt das **Hotel Palace** ❺ von 1908 mit seinen Loggien einen mediterranen Akzent. Das ebenfalls von Seidl konzipierte **Hotel Millennium** ❻ mit dem Argonauten-Fries in der Cafeteria und der herrlichen Terrasse zum Meer blickt auf die Badeanstalt Slatina. Ganz in der Nähe steht das 1885 errichtete **Hotel Imperial** ❼ mit einem großartigen Restaurant-Saal und dem Kaffeehaus Kavarna Imperial am Boulevard. Hier starb 1894 *Theodor Billroth*, der berühmte Chirurg und Begründer des Kurbades.

Top Tipp

Im Herzen Opatijas liegen auf einer 4 ha großen Landzunge der prachtvolle **Park Sv. Jakov und Park Angiolina** ❽. Hier traf sich um die Jahrhundertwende die Crème de la crème der Kurlauber, und noch heute wird hier die Glanzzeit des alten Kur- und Seebades wieder lebendig. In den 1885 vom Direktor der ›Wiener k. und k.-Gesellschaft für Parkgestaltung‹, Karl Schubert, konzipierten Grünanlagen wachsen Mammut- und Zitronenbäume, kaukasische Tan-

Inmitten der exotischen Pflanzenpracht des Angiolina-Parks steht die Büste Friedrich Julius Schülers, einer der Initiatoren des Tourismus in Opatija, hoch auf ihrem Sockel

nen, Akazien und Zedern, blühen Tamarisken und japanische Kamelien, bis zu 20 m hohe Magnolien und Bougainvilleen, säumen japanische Bananen, schwarzer Bambus und indische Palmen die Wege.

Im Park Sv. Jakov oberhalb des kleinen Bootshafens Portić, umgeben von den Hotels Millennium, seiner Dependance Atlantik sowie Kvarner, steht der neobarocke **Marmorbrunnen** (1889) von Hans Rothansky mit Figuren des griechischen Sonnengottes Helios und der Mondgöttin Selene. Im **Pavillon Šporer**, 1900 von dem Architektenteam Bauquer & Pio als Kaffeehaus errichtet, befindet sich eine Galerie moderner Kunst.

Die 1956 von Zvonko Car geschaffene Bronzestatue **›Gruß an das Meer‹** 9 auf einem Felsen avancierte neben der roten Kamelie zum Wahrzeichen Opatijas.

Die kleine **Jakobskirche** (15. Jh.), anstelle der ehem. Benediktinerabtei [s. S. 66] errichtet, wurde mehrmals erneuert. Vom berühmtesten kroatischen Bildhauer, Ivan Meštrović (1883–1962),

In Erinnerungen schwelgen an die große Zeit der Belle Époque kann man in Opatija ▷

stammt das unglaublich eindringliche Bronzerelief ›Pietà‹.

Opatijas erste Nobelherberge und das älteste Hotel an der Ostadria ist das 1884 eröffnete prunkvolle **Kvarner** ⑩, das die ›Wiener Südbahn‹-Architekten entworfen haben, mit der daneben stehenden ›Imperator‹-Villa Amalia. Den glitzernden stuck-, marmor- und lüsterreichen *Kristallsaal* des Hotels schuf 1911 der Architekt Alfred Wildhack.

Erste Touristen des Kvarner Golfs

Die k.u.k.-Modebäder der Jahrhundertwende, Opatija, Crikvenica, Rab und Lošinj, lebten von der Begeisterung der Millionäre, der europäischen Könige und Kaiser, der Kurärzte und Habsburger, der Schriftsteller und Schauspieler für die größte ostadriatische Bucht mit ihren azurblauen Wassern und dem milden Heilklima.

Als Entdeckerin **Opatijas** *gilt Maria Anna, die Gattin des österreichischen Ex-Kaisers Ferdinand, die während der Badesaison 1860 die Villa Angiolina bewohnte. Kaiser Franz Joseph I. sowie fast alle anderen Mitglieder der Kaiserfamilie besuchten häufig die ›Kamelienküste‹. Die Geliebte des Kaisers, die Wiener Schauspielerin Katharina Schratt, logierte in der heute zum Restaurant umfunktionierten, in frischem Glanz erstrahlenden Villa Madonna und in der Villa Carolina, der ersten Villa, die auf der Insel Lošinj gebaut wurde. Kaiser Wilhelm II. und Auguste Viktoria mit ihren sieben Söhnen kamen 1894 nach Opatija. Das Treffen der beiden Kaiser, des deutschen und des österreichischen, machte den Ort endgültig weltberühmt.*

Das zweite See- und Kurbad des Kvarner, **Crikvenica**, *war u.a. auf Initiative von Erzherzog Joseph 1883 ausgebaut worden. Die Erzherzöge Karl Stephan und Franz Ferdinand errichteten sich auf* **Lošinj** *und* **Rab** *ihre Traumschlösser und Villen.*

Die älteste Villa der Riviera, die biedermeierliche **Villa Angiolina** ⑪ mit der neoklassizistischen Fassade, ist das Glanzstück des gleichnamigen Parks, in dem man auch die Büste Friedrich Julius Schülers findet.

Lässt man die kleinen Bootshäfen, den Strand Tomaševac und die schönen Villen hinter sich, so erreicht man bald am Ende des Lungomare das hübsche Hafenstädtchen **Volosko** ⑫ mit seinen netten Fischrestaurants. Die zweitürmige barocke Annakirche von 1850 schmücken ein Marmoraltar und die Herz-Jesu-Kapelle des bedeutenden kroatischen Bildhauers *Ivan Rendić*. Die neobarocken und klassizistischen Häuser längs der Hauptstraße ließen im 19. Jh. reiche Rijeker Seeleute und Reeder errichten.

Praktische Hinweise

Tel.-Vorwahl Kvarner: 0 51

Information: Turistička zajednica, Veadimira Nazora 3, Tel. 27 13 10, Fax 27 16 99, Internet: www.opatija-tourism.hr

Hotels

**** **Millennium**, Maršala Tita, Tel. 20 20 00, Fax 20 20 20. Das frühere Jadran-Hotel mit herrlichen Kaffeeterrassen zum Meer erstrahlt im neuen Glanz.

**** **Mozart**, Maršala Tita, Tel. 27 18 77, Fax 27 17 39. Nobelstes und teuerstes Haus am Boulevard.

*** **Imperial**, Maršala Tita, Tel. 27 16 77, Fax 27 28 48. Außen sonnengelb, innen weiß, mit beliebtem Boulevard-Café und herrlichem Restaurant-Saal.

TOP TIPP *** **Kvarner**, Park Angiolina 4, Tel. 27 12 33, Fax 27 12 02, Internet: www.liburnia.hr. Traditionshaus mit Stil und Charme, umgeben von duftenden Parks. Verschwenderisch große Terrasse zum Meer hin, mit Pool.

*** **Villa Vranješ**, Antuna Mikića, Tel. 71 19 07, Fax 27 21 30. Modernes, etwas abseits gelegenes kleines Hotel in guter Aussichtslage und mit feiner einheimischer Küche.

** **Opatija**, Trg V. Gortana, Tel. 27 13 88, Fax 27 13 17. Einfaches Hotel aus alten Zeiten im Zentrum, mit Park, Tennisplätzen und kleinem Hallenbad.

Restaurants

Ariston, Opatija, Punta Kolova, Tel. 27 13 79. Beste Fisch- und Fleischküche in der Sezessionsvilla.

Café Continental, Opatija, Maršala Tita. Wiener-Torten-Seligkeit in altem Kaffeehaus für junges Publikum.

TOP TIPP **Plavi podrum, Volosko**, Tel. 70 12 23. Beliebtes Fischrestaurant am Hafen. Schwarzer Risotto, Kaisergranate oder Hummer nach Art des Hauses, gute Weine.

Sveti Jakob, Tel. 20 21 00. Vorzügliche Scampi mit Trüffeln, Krebs- und Fischgerichte bietet das Lokal im Park Sv. Jakob. Herrliches Ambiente, guter Service und beste Weinkarte.

Attraktiv arrangiert – ein Fest für Augen und Gaumen sind diese Köstlichkeiten

Nordistrien – glagolitische Graffitti, Trüffel und die kleinste Stadt der Welt

Am entlegenen Saum der bis zu 1000 m hohen **Ćićarija**, einer landschaftlich überaus reizvollen wiesen-, wald- und trüffelreichen Region mit niedrigen Hügeln und breiten Flyschtälern, verläuft die kürzeste Landverbindung vom Golf von Triest zum Golf von Kvarner. Als Fortsetzung des hohen slowenischen Karstplateaus Kras mit steil abbrechenden Kalkfelsen geht die Ćićarija im Osten Istriens am Planik (1272 m) nahtlos ins **Učka-Massiv** über. Die kurvenreiche, aber landschaftlich ungeheuer reizvoll verlaufende Straße Črni Kal – Buzet ist im Sommer eine gute Anreisealternative zu den stark frequentierten Grenzübergängen Sečovlje und Dragonja im Westen. Die Straße passiert die slowenisch-kroatische Grenze bei Sočerga. In **Buzet**, dem Mittelpunkt Nordistriens, kreuzt sie zunächst die **Mirna-Route** und schlängelt sich anschließend hinauf nach **Roč** (334 m). Von dort erreicht man über die ›Gedenkallee der Glagoliten‹ **Hum**, die kleinste Stadt Istriens.

29 Buzet

Bergort mit zauberhaftem Blick ins obere Mirna-Tal.

Die sehenswerte Altstadt von Buzet (5000 Einw.) liegt hübsch auf einer Bergkuppe südlich der Kreuzung in Funtana, dem neuen Stadtteil. Am besten lässt man dort im Zentrum das Auto stehen und geht über eine Brücke den Hügel hinauf.

In der seit illyrischer Zeit besiedelten, trüffelreichen **Buzeština**, dem Umland, hatten die Römer ihr Pinguentum etabliert. Im 6. Jh. fiel diese Region an Byzanz, später an die Langobarden. Das **Bergstädtchen** selbst gilt als kroatische Gründung des 9. Jh. und war im Mittelalter wie Hum und Roč ein bedeutendes glagolitisches Zentrum. Als Herren wechselten sich karolingische Markgrafen, Patriarchen von Aquileia und Venezianer ab. Zeitweise hatte sogar der venezianische Heeresprokurator für Istrien seinen Sitz in Buzet.

Zwei Stadttore aus dem 16. Jh., **Vela vrata** und **Mala vrata**, zeugen von der starken Festung, die einst die istrische ›Terra ferma‹ vor den Türken sichern sollte. Am **Hauptplatz** auf einer Felsenterrasse steht neben alten Amts- und Bürgerhäusern die barocke, mit venezianischen Gemälden des 17. und 18. Jh. geschmückte Pfarrkirche **Mariä Himmelfahrt**. Das Gemälde ›Wunder des hl. Antonius von Padua‹ in der kleinen **Georgskirche** (1611) wird der Tiepolo-Schule zugeschrieben. Von der Südterrasse aus genießt man einen herrlichen Blick ins obere Mirna-Tal und auf das sanfthügelige Inneristrien. Im **Regionalmuseum** (Zavičajni muzej, Mo–Fr 9–12.30 Uhr) wird eine archäologische und ethnographische Sammlung gezeigt, u. a. mit Trachten und einer Backstube.

Die Straße von Buzet nach Motovun [Nr. 11] zwängt sich durch die tiefe, wildromantische Mirna-Schlucht **Željezna vrata** (Eisentor). In **Istarske toplice** gibt es ein kleines, sehr einfaches Thermalbad (mit Hotel), in dessen Schwefelquellen sich schon die alten Römer vergnügten. Die Dörfer **Livade** und **Gradinje** sind für ihre Trüffel- und Pilzfeste im Herbst sowie ihre Trüffel-Restaurants bekannt.

Praktische Hinweise

Tel.-Vorwahl Istrien: 052

Information: Turistička zajednica, II. Trg Fontana 7/1, Tel./Fax 66 23 43, Internet: www.istra.com/buzet

Dem Himmel nahe gerückt – stolz thront auf einer Hügelkuppe hoch über dem Mirna-Tal und dem sanft geschwungenen Inneristrien die Altstadt von Buzet

Hotel

**** Sun Sport**, Buzet, Tel. 66 31 40. Kleines Haus an der Kreuzung in Funtana; ohne Restaurant.

Restaurants

Gostiona Most, Most 18, an der Mirna-Brücke beim Dorf Marinci, Tel. 66 28 67. Traditionelles Gasthaus, in dem weiße Trüffel, Spanferkel, Schafskäse und gute Weine gereicht werden (Mi geschl.).

Segelin, Gradinje, an der Mirna-Route nahe Oprtalj und Motovun, Tel. 66 41 41 (Do geschl.). Gute istrische Landküche sowie Speisen mit den regionalen Trüffeln.

Toklarija, Sovinjsko polje 11, Tel. 66 30 31. Beliebte Ausflugskonoba in den Hügeln südlich von Buzet. Spezialitäten: Kaninchenroulade, Wildspargel-, Pilz- und Trüffelgerichte (Di geschl.).

Eindrucksvolle Landschaftsszenerie im ›weißen Istrien‹ – einen gewaltigen Anblick bieten die steil abstürzenden Kalkfelsen der Ćićarija

Diese 2 m hohe Steinskulptur findet man auf der ›Gedenkallee der Glagoliten‹

30 Roč und Hum

Beide Orte verbindet die landschaftlich und kulturell einmalige Gedenkallee der Glagoliten, zugleich ein schöner Wanderweg.

Die beiden inmitten einer lieblichen Hügellandschaft gelegenen kleinen Orte verbindet seit 1977 die 8 km lange *Aleja glagoljaša*, die **Gedenkallee der Glagoliten**. Sie ist ausgeschildert und beginnt an der Straße kurz vor Roč. Ein 2 m hohes glagolitisches ›S‹, das Symbol für Anfang, weist den Weg. Neun weitere steinerne Skulpturen auf den Wiesen links und rechts der Straße nehmen Bezug auf glagolitische Ereignisse und Personen: u. a. der ›Kyrill- und Method-Tisch‹, das glagolitische Lapidarium mit den bedeutendsten Inschriften-Kopien vor der Kirche im Dorf Brnobiči, der ›Rastplatz des Diakons Georg‹ sowie die ›Wand zum Gedenken an die kroatischen Protestanten und Häretiker‹ und das ›Widerstands- und Freiheitsdenkmal‹. Bemerkenswert ist auch der

Az, buki, vede – eine immanente Schrift

Die von den Slawenaposteln Kyrill und Method im 9. Jh. verbreitete **Glagoliza** *(glagolica) erlebt heute in der eckigen, während des 12.–15. Jh. entwickelten kroatischen Form eine Renaissance. Bis in die 60er-Jahre des 20. Jh. wurde diese Schrift in Istrien, Kvarner und Dalmatien für kirchliche Literatur und Dokumente verwendet.*

Von Roč nach Hum wandert man über eine **glagolitische Gedenkallee** *[s. oben], in der Konoba Toš-Juna in Valun (Cres) sitzt man auf einer Terrasse mit glagolitischem Lapidarium, in Rijekas ›Moderna galerija‹ gibt es eine interessante Ausstellung über glagolitische Schreib- und Buchkunst, und die Kopien der berühmtesten glagolitischen Tafeln werden als Souvenirs angeboten.*

Die **glagolitischen Buchstaben** *setzen sich zusammen aus Kreis, Dreieck und Kreuz, den wichtigsten christlichen Symbolen, haben neben dem Laut- auch einen Zahlenwert und einen Namen.*

Die ältesten glagolitischen Dokumente, wie die Inschriftentafeln von Valun und Baška (Insel Krk), und die Inschrift von Plomin datieren ins 11./12. Jh. In den Städten Krk, Senj und in der Wiege der kroatischen Kultur, im dalmatinischen Nin, gab es **Glagolitenbistümer**, *entlang der Küste und auf einigen Inseln* **Glagolitenklöster**, *die über Jahrhunderte maßgeblich an der Erhaltung des kroatischen Kulturguts beteiligt waren. In Istrien und im Kvarner findet man oft auch an Fassaden und im Inneren der Kirchen glagolitische Inschriften. Das berühmte ›Gesetz von Vinodol‹ [s. S. 87] wurde im 13. Jh. glagolitisch formuliert. Die älteste bekannte glagolitische Druckerei wurde im 15. Jh. in Senj eingerichtet. Der Vordruck für das erste gedruckte kroatische Buch, das Novak-Missale (1483), wurde in Roč von dem glagolitischen Diakon Juri (Georg) vorbereitet.*

›Grgur-Ninski-Aussichtspunkt‹, ein großes Steinbuch mit glagolitischem, kyrillischem und lateinischem Alphabet. Das elfte Denkmal ist das immer offene Kupfertor von Hum mit lateinischem und glagolitischem ›Willkommensgruß‹.

Hum, 1102 als *Castrum Cholm* erwähnt, zählt heute ganze 18 Einwohner. Die kleinste Stadt der Welt (ca. 100 × 35 m) mit dem 22 m hohen, wuchtigen Glocken- und Verteidigungsturm (15. Jh.), den beiden schönen Gassen sowie der Loggia mit Tisch und Lapidarium hat ihr Gesicht seit fast 1000 Jahren kaum verändert. In der Verkaufsgalerie Hum kann man u. a. qualitätvolle Werke so bekannter kroatischer Maler wie Ivan Generalić oder Mersad Berber entdecken.

Ein Blick in die romanische *Hieronymuskirche* auf dem Friedhof ist schon wegen der wertvollen byzantinisch beeinflussten Freskenreste aus dem 12. Jh. lohnend. Die glagolitischen Inschriften zählen zu den ältesten ihrer Art. Das kostbare Apsisgemälde (16. Jh.) in der *Pfarrkirche* (1802) stammt von dem Venezianer Baldassare d'Anna. Auf der herrlichen Terrasse der *Humska konoba* kann man istrische Spezialitäten kosten.

Roč, 1064 als Geschenk König Heinrichs IV. an den Markgrafen Odolricus beurkundet, war bis ins 20. Jh. das *Glagolitenzentrum* in Istrien. Ročer Breviare, Codices und Messbücher werden in den Museen der ganzen Welt aufbewahrt. Das glagolitische *Novak-Missale*, die Vorlage für das erste gedruckte kroatische Buch (1483), wird heute in der Nationalbibliothek in Wien gehütet. Neben der dreischiffigen *Bartholomäuskirche* mit dem Glockenturm von 1676 steht die kleine gotische *Antoniuskirche* (12. Jh.). In ihren Votivkreuzen entdeckt man das um 1200 eingeritzte glagolitische Abecedarium. Die Fresken in der romanischen *Rochuskapelle*, u. a. ›Christus mit Aposteln‹, stammen aus dem 14./15. Jh.

Hinter **Lupoglav** achte man auf die Abzweigungen nach Pazin [Nr. 13] und Labin [Nr. 22]. Durch den **Mauttunnel Učka** (5062 m lang) oder, viel, viel reizvoller, über den höchsten Pass Istriens, den **Poklon** (922 m, 16 % Steigung), nähert man sich mit wirklich hinreißenden Blicken aufs Meer dem bedeutendsten Verkehrsknotenpunkt des Kvarner, Matulji.

Fundort Nordistrien – ›Diamanten der Küche‹ heißen die weißen Trüffel

Praktische Hinweise

Tel.-Vorwahl Istrien: 0 52

Unterkunft

Leader, Lupoglav 8, Tel./Fax 68 53 00. Einfache Unterkunft in runden *kazuni*. Ideal für Wanderer und Freunde des Landurlaubs.

Restaurants

Danilea, Ročko polje, Tel. 66 66 00. Gemütliches Gasthaus an der Straße Roč – Lupoglav. Zum istrischen Imbiss und Nockenessen kehrt man hier ein.

Humska konoba, Hum, Tel. 66 00 05. Kaminstube mit Terrasse und Spezialitäten wie Weinsuppe, *ombolo*, und geräucherte Würste (im Winter Mo geschl.).

Prachtvolles Fresko – ›Christus mit Aposteln‹ (14./15. Jh.) in der Rochuskapelle von Roč

V
50

Rijeka und Umgebung – Weltstadt mit großer k. und k.-Vergangenheit

Wo die hohen Ostausläufer des Učka in den Höhenzug von Kastav übergehen, beginnt in dem auch vom Steilabfall des dinarischen Küstengebirges und den Inseln Cres und Krk gerahmten **Riječki zaliv** der **Kvarner Golf**. Im Nordosten der meist in Dunst gehüllten Hafenstadt Rijeka dehnt sich der **Nationalpark Risnjak** aus, ein vor allem bei den Einheimischen beliebtes Wander- und Skigebiet. Zwischen den ersten **Kapela-Gipfeln**, die die Sicht auf das östliche Hinterland begrenzen, liegt die international bekannte Motorrad-Rennstrecke **Grobnik**.

Wer sich der riesigen und lärmenden Metropole **Rijeka**, welche die auf einer Länge von 20 km stark ansteigende Nordküste des Kvarner ganz für sich beansprucht, auf der Straße vom Učka-Tunnel her nähert, dem öffnet sich ein grandioser Panoramablick über die gesamte Golfszenerie.

Über ein Stück Autobahn und die **Schnellstraße**, die oberhalb von Rijeka an den Felshängen auf Stelzen und durch Tunnels vorbeifliegt, gelangt man über die Abfahrten schnell ins Zentrum am Hafen. Die am Dockviertel Kantrida entlangführende, von Opatija kommende E 751 durchquert das Zentrum Rijekas als **Uferstraße Riva** und führt östlich als ostadriatische Hauptroute E 65 Richtung **Bakar** und **Kraljevica** weiter.

31 Rijeka

Plan Seite 76/77

Hauptstadt des Kvarner mit Prunk und Problemen und dem ältesten kroatischen Wallfahrtsort Trsat.

Was die Hafen-, Handels- und Industriestadt, den Schiffsbau- und Messestandort sowie den Verkehrsknotenpunkt und Ausgangshafen für Schiffsreisen nach Dalmatien, Mittel- und Süditalien oder Griechenland von allen anderen beschriebenen Orten abhebt, ist vor allem die **Größe** (165 000 Einw.), aber auch der geschäftige und herausgeputzte **Korzo**. Der Rječina-Fluß trennt das lebhafte Zentrum mit Alt-Rijeka vom östlichen Stadtteil Sušak mit dem bedeutenden Wallfahrtsort Trsat.

Geschichte Auf dem Trsat links der Rječina hatten die **Liburner** ihre Siedlung Tarsactum und die **Römer** ihr Castrum Tarsatica errichtet. Im 7. Jh. eroberten die **Kroaten** die Festung, schlugen hier vermutlich 799 auch die Franken. Trsat gehörte vom 9. bis 12. Jh. zum Kroatischen Königreich. **Flumen**, der Mündungsort am rechten Flussufer, war im 13. Jh. im Besitz der **Grafen von Duino**. Er wechselte noch mehrmals die Regionalherren, bis er 1471 ans **Haus Habsburg** kam, das so erstmals Adriabesitz erlangte. Dies gefiel **Venedig** natürlich nicht, und so erhielt Admiral Trevisan 1509 den Auftrag, das Hafenstädtchen bis auf die Grundmauern niederzubrennen. Um 1600 war die heutige Altstadt Rijekas von den Habsburgern wieder aufgebaut und wie Dubrovnik ummauert. 1719 erklärte Kaiser Karl VI. Flumen gemeinsam mit Triest zum *Freihafen*. Reeder und Kaufleute aus ganz Europa ließen sich hier nieder, der Orienthandel florierte. Der große Aufstieg erfolgte während der Regierungszeit *Maria Theresias* (1740–80), als der 7 km lange Hafen mit dem Molo gebaut wurde. 1779 überließ die Kaiserin Rijeka den **Ungarn**. Die Torpedofabrik, die königlich-ungarische Tabakfabrik und große Werften zogen Arbeiter aus allen k. u. k.-Binnenländern an.

◁ *Ein Kontrast, der sich sehen lassen kann – barocker Altstadtturm vor Rijekas moderner Hochhauskulisse*

Im 19. Jh. wurde Rijeka – sieht man ab vom ›napoleonischen Zwischenspiel‹ 1809–13 und der kurzen Regierungszeit des kroatischen Ban Josip Jelačić (1848–68) – von den Ungarn regiert. Ende des 19. Jh., nach dem Ausbau der Straße Rijeka–Zagreb und dem Anschluss an die Eisenbahnlinie Triest–Wien, war Rijeka nicht nur einer der wichtigsten europäischen Seehäfen, sondern auch eine große Industriestadt. Ähnlich wie in Pula bildete sich auch hier ein starkes kroatisches Nationalbewusstsein aus. Der Erste Weltkrieg berührte die Stadt nicht. Am 12. Dezember 1919 jedoch besetzte der italienische Faschist **Gabriele d'Annunzio** mit seinem Freikorps Rijeka, rief die ›Dichter-Republik‹ aus und erklärte sich zum ›Commandante‹. Ein Jahr später wurde sein nobles Quartier im Gouverneurspalast von dem italienischen Kriegsschiff Andrea Doria beschossen, und der exzentrische Dichter floh an den Gardasee. Nach dem Friedensvertrag von Rapallo 1920 wurde aus Rijeka der **Stato libero di Fiume** (1921–24).

Im Vertrag von Rom 1924 einigten sich Mussolini und das Königreich der Serben, Kroaten und Slowenen (S.H.S.) auf die *Teilung Rijekas* an der Riječina. Das Zentrum (Fiume) westlich des Flusses gehörte bis 1943 zu Italien, der Hafen Baroš an der Mündung mit dem östlichen Stadtteil Sušak zum Königreich Jugoslawien. **Titos Partisanen** befreiten Fiume am 3. Mai 1945 von der deutschen Besatzung. 1947 fiel die große Hafenstadt an Jugoslawien und Kroatien.

Besichtigung Am besten erschließt man sich die Stadt von der Riva Boduli aus, dem Passagierkai im Osten des Hafens. Parken kann man längs der Uferstraße **Riva**, der größte Parkplatz ›Delta‹ liegt zwischen dem Mrtvi kanal und der Mündung der Riječina.

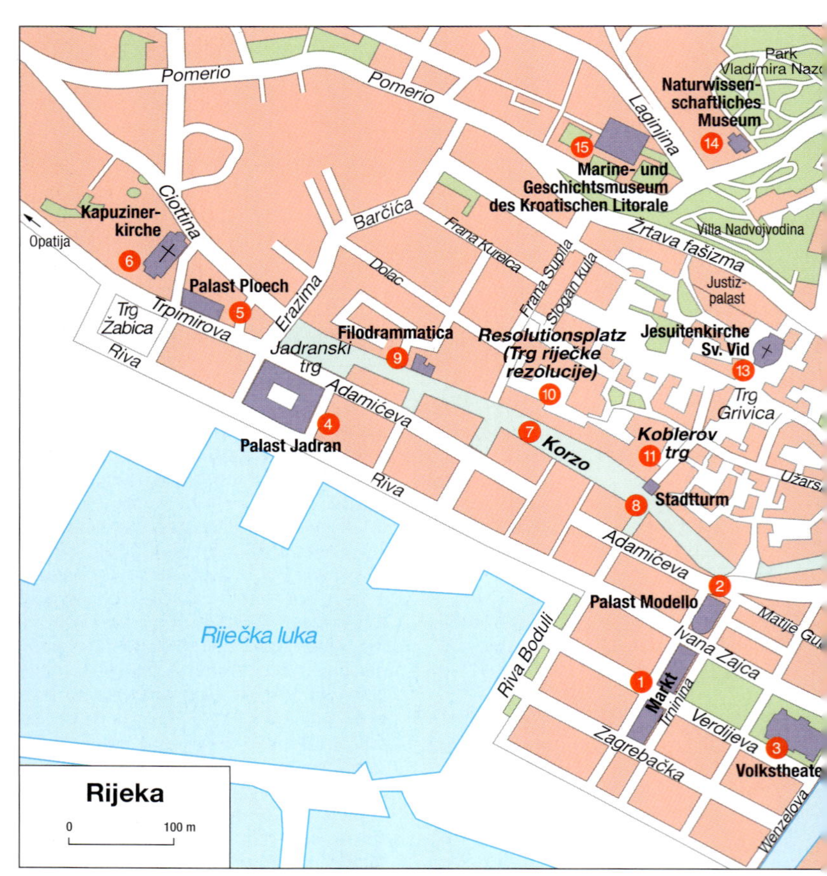

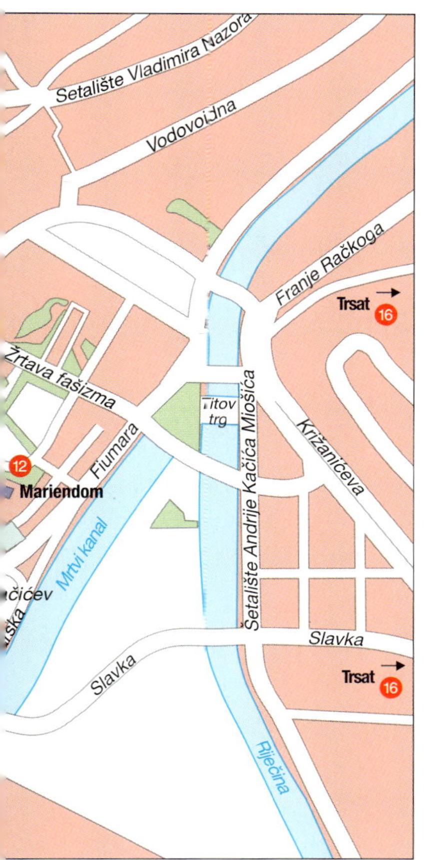

Blick auf die riesige Handels-, Hafen- und Industriestadt Rijeka mit ihren Werftanlagen

Am Hafen

Über die *Verdijeva* kommt man von der *Riva Boduli* auf den besonders schönen und lebhaften **Markt** 1 im Ostteil des Hafenviertels. Auffallende Blickfänge sind hier die beiden *Eisen-Glas-Pavillons* von 1881 mit hübschem Früchte- und Pflanzendekor, geschaffen von dem venezianischen Bildhauer Urbano Botasso. In ihnen sind Lebensmittel- und Fleischerläden untergebracht. Lautstarkes Treiben herrscht auch in der separaten *Fischhalle*. Zum Marktkomplex gehörte einst ebenso der im Stil der Renaissance und des Barock reich geschmückte **Palast Modello** 2. Er wurde, wie auch der großartige Neorenaissance-Bau des **Volkstheaters** 3 am Park, 1183–85 von dem auf Theaterbauten spezialisierten Wiener Elite-Architektenbüro *Fellner & Helmer* entworfen. Das Giebelfeld zeigt die ›Drama und Musik‹ symbolisierende Figurengruppe von Augusto Benvenuti. Die allegorischen Darstellungen im neobarocken Bühnenhaus stammen von *Franz Matsch* sowie von *Gustav und Ernst Klimt*. Vor dem Gebäude steht das Denkmal des kroatischen ›Verdi‹, des Rijeker Komponisten *Ivan Zajc* (1835–1914), dem auch das Theater seinen heutigen Namen verdankt.

Rijekas Volkstheater (1883–85) erinnert im Stil an die Bauten der Wiener Ringstraße

Im großen Neorenaissance-**Palast Jadran** ❹ an der *Riva*, der 1897 als Sitz der Ungarisch-Kroatischen Dampfschifffahrtsgesellschaft erbaut wurde, residiert heute die *Reederei Jadrolinija*. Die Figuren an der Fassade symbolisieren die Seemacht und die vier Kontinente. Sie alle sind Arbeiten des Bildhauers Sebastiano Bonomi.

Den schönen **Palast Ploech** ❺ im Jugendstil in der nahen *Trpimirova* entwarf 1880 der Triester Architekt und Festl-Schüler, der in Rijeka viel beschäftigte Giacomo Zammatti, für den ›Torpedokönig‹ Hannibal Ploech.

Die **Kapuzinerkirche** ❻ (Kirche der Muttergottes von Lourdes) am benachbarten *Žabica-Platz*, wo sich auch der Busbahnhof befindet, ist mit ihrem doppelläufigen Treppenaufgang und dem Fassadendekor ein einzigartiges Beispiel neogotischer Architektur an der Ostadria. Der Unterbau wurde 1908, der Oberbau jedoch erst 1929 mit Hilfe großzügiger Pilgerspenden vollendet. Wunderschön sind die bunten Glasfenster im Inneren.

Markt von Rijeka – Einkaufs-, Schlemmer- und Flanierparadies par excellence

Hübsch herausgeputzt im attraktiven Streifengewand zeigt sich die neogotische Kapuzinerkirche Maria Lourdes in Rijeka

Korzo und Altstadt

Der breite **Korzo** 7 – er führt vom baumbestandenen und mit einem Springbrunnen ausgestatteten Jelačićev trg in Richtung Jadranski trg – mit seinen zahlreichen Geschäften, gemütlichen Straßencafés und schön renovierten Bürgerhäusern ist wie geschaffen für einen ausgedehnten Bummel. Am Gradski toranj, dem von einem achteckigen Kuppeldach bekrönten barocken **Stadtturm** 8 (1750) mit dem gotischen *Meerestor* und der *Uhr* von der Wiener Weltausstellung 1873, erblickt man den habsburgischen Doppeladler, darunter die Büsten der Kaiser Leopold I. und Karl VI. Nahe der Ecke Korzo/Trg Republike stehen das spätbiedermeierliche kroatische **Kulturzentrum** (Korzo 24), heute Radio-Rijeka-Haus, 1848 erbaut von Anton Dessepis, und das neobarocke **Filodrammatica** 9 (ehem. Gebäude des Philharmonie- und Dramavereins) mit dem beliebtesten Kaffeehaus Rijekas. Giacomo Zammatti gestaltete es 1890.

Die **Wissenschaftliche Bibliothek** am Trg Republike, 1887 als Mädchenschule errichtet, ist ganz offensichtlich inspiriert von den Renaissancebauten Palladios. Die **Moderna galerija** (Mo–Sa 10–13 und 17–21 Uhr) im gleichen Gebäude präsentiert eine umfangreiche Glagoliza-Sammlung. Handgeschriebene glagolitische Messbücher, Breviere aus dem 14./15. Jh. und die ersten gedruckten kroatischen Bücher zählen zu den bibliophilen Raritäten.

Gleich östlich des Trg Republike liegt der historische, im 18. Jh. klassizistisch erneuerte **Resolutionsplatz** 10 (Trg riječke rezolucije). Ihn rahmen der alte *Munizipiumpalast* (15. Jh.), das einstige *Augustinerkloster* und die spätbarocke

Jerolimkirche, die eine gotische Kapelle und die Grabstätten der Grafen von Duino und von Wallsee birgt.

Ein besonderes Denkmal der Stadtgeschichte stellt die Steinsäule *Standarac* aus dem Jahr 1508 dar. Sie steht für Rijekas alte Rechte und ist geschmückt mit dem Stadtbanner, dem Reliefbild des Stadtpatrons Veit und der Inschrift, die den Erlass Kaisers Maximilians I. (16. Jh.) dokumentiert, in dem er *Flumen Sancti Veit* besondere Freiheiten und Privilegien zusicherte.

Hinter dem Stadtturm liegt der kleine **Koblerov trg** ⓫ mit dem im Renaissancestil gehaltenen **Alten Rathaus** (1532–1835). In diesem Gebäude erblickte Ivan Zajc das Licht der Welt. Die Gasse links davon wird vom **Römischen Bogen**, Rijekas ältestem Bauwerk (4. Jh.), überwölbt.

Die etwas finstere **Užarska** – über Jahrhunderte Heimat der Juweliere – mit dem hübschen Souvenirladen und dem Touristenbüro führt vom Trg Grivica mit seinen Cafés zum **Mariendom** ⓬. Diese

Frankopani und Zrinski – die mächtigsten kroatischen Adelsfamilien

Die Krker Fürsten, das so bedeutende Adelsgeschlecht der **Frankopani** *(Frankopanen), gelangten im 13./14 Jh. durch Ämteranhäufung und besondere diplomatische Leistungen in den Besitz des gesamten kroatischen Küstenlandes von Rijeka über das Fürstentum Vinodol bis nach Jablanac, das sie von der Feste* **Trsat** *[s. S. 82] aus regierten.*

Mit dem Frieden von Zadar 1358, als Venedig die eroberten ostadriatischen Küstenstädte an Ungarn abtreten musste, wurden die Herren geradezu allmächtig. **Fürst Ivan V. Frankopan**, *der 1387 die Verlobte des Sigismund von Luxemburg, des Eiferers auf die Stephanskrone, aus dem Verlies im norddalmatinischen Novigrad befreit hatte, wurde gar zum Ban von Kroatien und Dalmatien ernannt.*

Dem **Fürsten Nikola IV. Frankopan** *(1394–1432), dem Sigismund sehr verbunden war, gehörte das damals mit Ungarn in Personalunion vereinte kroatische Gebiet innerhalb Ungarns fast ganz. 1430 bestätigte der Papst in Rom den einflussreichen adriatischen Fürsten und Großgrundbesitzern den Rang des hohen römischen Adelsgeschlechts* **Frangepani** *(vom lateinischen frangere panem, ›Brot verschlingen‹). Fortan zierten das Wappen der Krker Fürsten zwei Brot verschlingende Löwen. Mit der Verheiratung der Schwester von Stjepan III. Frankopan, Katarina, mit Nikola IV. Zrinski im Jahr 1543 – er gehörte zur mächtigen Adelsfamilie* **Zrinyi** *aus Slawonien –*

Petar Zrinski war einer der Drahtzieher der ungarischen Magnatenverschwörung

wurde die so verbandelte kroatische Dynastie im 16. Jh. den Habsburgern ebenbürtig. Sie stellte in Folge zwölf kroatische Bane, besaß am ›Hofzaun‹ zwischen Adria und Drau rund 100 Schlösser, Burgen und Ländereien und war verwandt mit fast dem gesamten europäischen Hochadel.

Die Aufdeckung der **Magnatenverschwörung in Ungarn** *1664, dem Komplott gegen die habsburgischen Lehnsherren, deren Drahtzieher die beiden kroatischen Familien waren, hatte deren Ausrottung zur Folge. Der Anstifter,* **Ban Nikola Zrinski**, *›verunglückte‹ 1664 auf der Jagd, den Bruder* **Petar Zrinski** *und den Schwager* **Fran Krsto Frankopan** *wie auch die ungarischen und steirischen Mitstreiter ließ Kaiser Leopold I. 1671 hinrichten. Die Ländereien wurden anschließend von der Wiener Hofkammer vereinnahmt, die Burgen zum größten Teil geplündert und verwüstet.*

Ins rechte Licht gerückt – die Jesuitenkirche Sv. Vid (1638–1767) im venezianischen Barock

Basilika aus dem 13. Jh. zeichnet sich nicht nur durch ihren 33 m hohen romanischen ›Schiefen Turm‹ aus, der sich im Laufe der Jahrhunderte um ganze 40 cm geneigt hat. Das Gotteshaus wurde im 18. Jh. erneuert und erhielt seine schmucke neoklassizistische Fassade im 19. Jh. Im barocken Inneren bildet der prunkvolle Hauptaltar mit den Heiligenstatuen von Jacopo Contiero aus Padua den Blickfang. Die Gemälde ›Christi Himmelfahrt‹ und ›Johannes der Täufer‹ schuf ein unbekannter Maler des 19. Jh. nach Werken Tizians.

Am höchsten Punkt des Trg Grivica steht die 1638–1767 im venezianischen Barock errichtete **Jesuitenkirche Sv. Vid** 13. Der feierliche oktogonale Innenraum wird durch eine imposante, von mächtigen Säulen getragene *Kuppel* und *Kapellen* mit farbigen Barockaltären dominiert. Die prächtige Marmorkanzel schuf 1731 Antonio Michelazzi. Auf dem

Krimskrams und Kunst – bei diesem üppigen Angebot fällt es wohl kaum jemandem schwer, das richtige Mitbringsel zu finden

Der anstrengende Aufstieg lohnt sich – die Frankopanenfeste Trsat aus dem 13. Jh. hoch über der Stadt Rijeka wirkt inmitten des Grüns geradezu idyllisch

Hauptaltar von Paskvale Lazzarini (1717) flankieren die Statuen des hl. Veit und des hl. Modestus ein Kruzifix im Stil der rheinischen Gotik des 13. Jh. Auf dieses Kreuz soll 1296 ein ruinierter Kartenspieler aus Wut einen Stein geschleudert haben, worauf der Gekreuzigte zu bluten begann, sich die Erde öffnete und den Übeltäter verschlang. In Folge avancierte die Veitskirche zu einer weiteren beliebten Pilgerstätte in Rijeka.

Museumspark

Oberhalb der Jesuitenkirche und des mächtigen **Justizpalastes** an der *Žrtava fašizma*, der 1906 anstelle des abgerissenen Kastells erbaut wurde, liegen im **Park Vladimira Nazora** prächtige Paläste mit Rijekas Museen.

So zog in die Villa Nadvojvodina, wo Erzherzog Joseph mit seiner Gemahlin Klothilde von 1883 bis zu seinem Tod 1905 lebte, das Historische Archiv ein. Oberhalb davon präsentiert das **Naturwissenschaftliche Museum** 14 (Prirodoslovni muzej, Mo–Fr 9–19, Sa 9–14 Uhr) eine umfangreiche Sammlung von Mineralien und geologischen Funden, Heilkräutern und Pflanzen der Kvarner Bucht sowie Muscheln, Schnecken und anderen Tieren der Weltmeere. In den prunkvollen Räumen des **Gouverneurspalastes**, der 1893 vom Grafen Lajos Batthyány beim berühmten Budapester Architekten Alajos Hauszmann (1847–1926) in Auftrag gegeben wurde, ist das TOP TIPP **Marine- und Geschichtsmuseum des Kroatischen Litorale** 15 (Pomorsko-povijesni muzej Hrvatskog primorja, Di–Sa 9–13 Uhr) beheimatet. Zu sehen sind dort k.u.k.-Marine-Exponate, Schiffsmodelle, Trachten von den Kvarner Inseln, Möbel, Gemälde, Waffen und Kunsthandwerk des 17.–19. Jh. sowie das Gedenkzimmer für den bekannten einheimischen Geigenbauer Franjo Kresnik (1869–1943).

Das **Museum der Stadt Rijeka** (Muzej grada Rijeke, Di–Sa 9–13 Uhr) nebenan lässt die turbulente Vergangenheit der Hafenmetropole lebendig werden.

Trsat 16

Beliebtes Ausflugs- und ältestes kroatisches Pilgerziel ist das 138 m hoch über der Riječina-Schlucht gelegene dörflich-charmante Trsat mit dem Kastell und der Wallfahrtskirche.

Der mühsame Aufstieg über den 561-Stufen-Weg **Trsatske stube**, einen im Jahr 1531 von dem ruhmreichen Uskokenführer Petar Kružić angelegten Pilger- und Prozessionsweg, beginnt am barocken **Portal** von 1745 links der Riječina. Bequemer erreicht man die Höhe mit dem Bus vom Jelačićev trg aus oder mit dem Auto (an der Ausfallstraße in Sušak dem Hinweisschild Trsat folgen!).

Jahrhundertelang wurde das kroatische Küstenland von der Frankopanenfeste **Trsat** aus dem 13. Jh. regiert. Und der österreichisch-ungarische Vizemarschall irischer Herkunft, *Graf Laval Nugent*, war von der Panoramalage der Burg so fasziniert, daß er sie 1826 kaufte, die Seitenflügel im Stil des Historismus restaurierte sowie ein Mausoleum in der Art eines dorischen Tempels hinzufügte. Vom Bistro Grof eröffnet sich heute einer der schönsten Blicke auf Rijeka.

Die nahe gelegene kleine **Georgskirche**, eine Stiftung der Familie Frankopani [s. S. 80] aus dem 13. Jh., erhielt ihr heutiges Aussehen im 19. Jh.

TOP TIPP Die etwa 700 Jahre alte Pilgerkirche der **Hl. Maria von Loreto** (oder auch ›Muttergottes von Trsat‹) am Frankopanski trg birgt auf dem Marmoraltar das wundertätige Marienbild – der Legende nach vom Evangelisten Lukas gemalt. Es handelt sich um ein ›Trostgeschenk‹ von Papst Urban V. aus dem Jahr 1367. Der Überlieferung zufolge war nämlich das ›Geburtshaus Mariens‹ aus Nazareth von Engeln 1291 zuallererst zum Trsat und erst drei Jahre später über die Adria nach Loreto gebracht worden. 1453 erneuerten die Frankopani die Kirche und machten sie zu ihrer Familiengrablege. Im angeschlossenen **Franziskanerkloster** (1468) sind das mystische ›Abendmahl der hl. Familie‹ im Refektorium und 32 Gemälde mit Szenen aus dem Leben der Muttergottes im Kreuzgang von dem Schweizer Maler Fra Serafin Schön (17. Jh.) sehenswert.

Muttergottes hilf! Heiß verehrt wird dieses wundertätige Madonnenbild in der Kirche der hl. Maria von Loreto

Die Wartezeit am Busbahnhof lässt sich mit Blick auf den lebhaften Žabica-Platz kurzweilig überbrücken

Praktische Hinweise

Tel.-Vorwahl Kvarner: 051

Information: Turistički ured, Užarska 14, Tel. 33 58 82, Fax 33 39 09

Hotels

*** **Continental**, Šetalište Andrije Kačića Miošića 1, Tel. 37 20 08, Fax 37 20 09. Renoviertes kleineres Hotel am linken Riječina-Ufer.

*** **Grand Bonavia**, Dolac 4, Tel. 35 71 00, Fax 33 59 69, Internet: www.bonavia.hr. Angenehmer Wohnkomfort mitten im Zentrum und dazu ein gehobenes Spezialitätenrestaurant.

Restaurants

Brun, Ivana Sajca 2, Tel. 21 25 44. In dieser sympathischen Taverna am Riječina-Kanal stehen vor allem Nudel- und Fischgerichte auf der Karte.

Feral, Matije Gupca 6, Tel. 21 22 74. Nach dem Theaterbesuch werden hier gute Fisch- und Fleischgerichte serviert.

Korkyra, Slogin kula 5, Tel. 33 95 28. Man bestellt hier *marenda*, eine Portion Gulasch, Spaghetti oder kostet dalmatinische *pašticada*.

Auch dieser Gegensatz belebt das Bild des Kvarner Golfs – moderne Ölraffinerie im Bakarski zaliv mit Frankopanenkastell Novi grad (17. Jh.) von Kraljevica

32 Bakar und Kraljevica

Zwei geschichtsträchtige Orte im Schatten der Nachbarstadt Rijeka.

Natürlich könnte man das steil ansteigende, nahezu arenaförmige und von Ölraffinerien gezeichnete **Bakarski zaliv** in Richtung Kraljevica auf der Hauptroute E 65 umrunden.

Doch lohnt zumindest ein kurzer Abstecher in das am grünen Nordhang der Bucht gelegene mittelalterliche **Bakar**, das jahrhundertelang ein gut florierendes Segelschifffahrts- und Handelszentrum war. Von 1225 bis 1530 im Besitz der Frankopani, bauten den Ort anschließend ihre Verwandten, die Zrinski, zum bedeutendsten Festlandhafen des Kvarner aus. Von Kaiserin Maria Theresia erhielt er 1779 Freihafen- und Königsstadtrechte, 1849 wurde hier eine Marineakademie gegründet. Doch mit der Entwicklung des nahe gelegenen Rijeka zum Welthafen ging es mit Bakar bergab.

Zu den Sehenswürdigkeiten des Ortes zählt die im 19. Jh. barockisierte *Margarethenkirche* an der Uferstraße, eine Stiftung von Petar Zrinski aus dem Jahr 1668. Verwinkelte Kopfsteingassen führen durchs *Grad* zum gut befestigten Kastell hinauf. Unterwegs passiert man das *Türkische Haus* mit dem vorspringenden Obergeschoss, den *Bischofspalast* von 1494, das *Pfarrhaus* aus dem 16. Jh. sowie nicht zuletzt das barocke *Römische Haus* der Familie de Agnesi aus dem 18. Jh.

Die dreischiffige, 1830 anstelle eines romanischen Vorgängerbaus errichtete *Andreaskirche* in der Altstadt zieren Wappen der Frankopani und Zrinski. Das Innere birgt ein romanisches Kreuz, die Altarpala ›Heilige Dreifaltigkeit‹ von Girolamo da Santacroce, barocke Marmoraltäre und in der Schatzkammer eine Reliquie der hl. Ursula aus dem 16. Jh. Den Hauptaltar der nahen *Kreuzkirche* schmückt ein kostbares spätgotisches Kruzifix. Und in der *Marienkapelle* auf dem Friedhof (16. Jh.) entdeckt man venezianische Bilder aus dem frühen 18. Jh.

Die heutige Werftstadt **Kraljevica**, der 1728 nach dem österreichisch-ungarischen Kaiser und König Karl VI. (kroat. *kralj*) benannte Kriegshafen, war im 17. Jh. die Hochburg der Frankopani und Zrinski. Davon zeugen gleich zwei **Burgen**, die allerdings nicht besichtigt werden können: das frühbarocke, oft umgebaute Zrinski-Schloss *Stari grad* von 1651 im Zentrum mit dem Glockenturm von 1790 und das Spätrenaissance-Schloss der Frankopani, *Novi grad*, mit seinen vier runden Ecktürmen aus dem 17. Jh. Hier sollen die beiden mächtigsten kroatischen Adelsfamilien jenes Komplott gegen die Habsburger Krone ausgeheckt haben, das sie anschließend ihre Köpfe kostete [s. S. 80].

Riviera von Crikvenica und Novi Vinodolski – Ferienspaß am Kroatischen Litorale

Hinter der Abzweigung zur Brücke auf die Insel Krk erstreckt sich am **Vinodolski kanal** ein 25 km langer Küstenabschnitt. Stichstraßen zweigen immer wieder von der oberhalb vorbeiführenden E 65 in die Badeorte am recht abwechslungsreichen und grün gesäumten Felsufer ab.

Von der Begeisterung mitteleuropäischer (K)urlauber zur Zeit der Jahrhundertwende für diese auch ›Kroatisches Litorale‹ genannte Riviera mit dem gesunden Seeklima profitierten vor allem **Crikvenica** mit seinem langen Sandstrand, das kleine **Selce** und **Novi Vinodolski**. Sie alle verfügen heute über ein Angebot an Unterkünften und Freizeiteinrichtungen, das sich sehen lassen kann. In eine ganz andere Welt versetzt fühlt sich der Besucher im parallel zur Küste verlaufenden, vom Touristengeschehen völlig abgeschirmten Tal **Vinodol**, in dem man einfach auf Entdeckungsreise gehen sollte.

33 Crikvenica

Trubeliges Traditionsseebad mit herrlichem Strand und Promenade.

Von Crikvenicas hübschem Vorort **Dramalj,** mit seinen vielen neuen Villen, Felsbuchten und Kiesstränden, bis nach Selce erstreckt sich der bei Spaziergängern wie Bikern und Inline-Skatern gleichermaßen beliebte und 7 km lange **Lungomare** von Crikvenica.

Zwei Straßen zweigen von der E 65 ab und führen direkt ins **Zentrum** von Crikvenica an der Dubračina-Mündung mit Fischerhafen, Hotels und Parkmöglichkeiten. Blickfang ist hier das weiße **Hotel Kaštel**. Es wurde im Jahr 1412 von Nikola IV. Frankopan als Kastell erbaut und war später lange Zeit ein Paulanerkloster. Ende des 19. Jh. eröffnete hier die Gattin von Erzherzog Joseph, Klothilde von Sachsen-Coburg-Gotha, ein Erholungsheim für Kinder. Die zum früheren Kloster gehörige barocke Kirche (*crikva*) gab Crikvenica den Namen. Den Hauptaltar mit der Muttergottes-Ikone (1476) schuf der Paulaner Bildhauer Paul Riedl.

In der Vinodolska 8 kann man sich im **Aquarium** (tgl. 9–18 Uhr) bestens ein Bild machen von der in der Adria heimischen Fauna und Flora.

Der 2 km lange, flache, im Sommer überaus belebte **Sandstrand** von Crikvenica mit seinen farbenfrohen Badeanstalten am weißen Kieselrand erstreckt sich vom Zentrum entlang der schön gestalteten schattigen Seepromenade bis nach Dramalj. Zuhauf findet man hier Bars, Eisdielen und Restaurants. Der einzige prachtvolle Bau dieser Riviera, das neoklassizistische **Hotel Palace Therapia**, 1895 von einem Budapester Architekten entworfen und 1899 von Erzherzog Joseph gekauft, ragt wie ein Märchenschloss aus dem üppigen Park am Hang. In dem für die damalige Zeit revolutionären ›Hydropathischen Institut‹ des vitalen adeligen Herrn kurten Angehörige der gesamten europäischen Aristokratie. Auch heute setzt man im **Kurhaus Thalassotherapia** verstärkt auf Gesundheitstourismus, da Crikvenica auch im Ruf steht, ein besonders mildes und allergenfreies Klima zu besitzen.

Praktische Hinweise

Tel.-Vorwahl Kvarner: 051

Information: Turistička zajednica, Trg Stjepana Radića 1, Tel. 24 10 51, Fax 24 18 67, Internet: www.crikvenica-tourist.com

Wenn das kein Spitzenpanorama ist – in voller Schönheit präsentiert sich hier das alte Seebad Crikvenica mit seinem Lungomare …

Hotels

*** **Kaštel**, Frankopanska 22, Tel. 24 10 44, Fax 21 14 90. Ruhige und noble Unterkunft im Haus der ›Weißen Brüder‹ mit Park und Strand.

** **Palace Therapia**, Ulica braće Buchhoffer, Tel. 78 50 63, Fax 78 50 72. Schön kaisergelb von außen ist diese etwas nostalgische Herberge mit einfachem Kurambiente und Meerwasserpool. Empfehlenswert sind die Zimmer mit Arkadenloggien und Meerblick.

… auf dem man sogar ein Spitzendeckchen für den heimischen Sofatisch erwerben kann

** **Esplanade**, Tel. 78 50 06, Fax 78 50 90. Nettes Promenadenhotel nahe dem Zentrum. An lauschigen Sommerabenden wird auf der Terrasse getanzt.

Restaurants

Burin, Dr. Ivana Kostrenčića 10 a, Tel. 78 52 09. Im hübschen Ambiente werden hier schmackhafte Fisch- und Fleischspezialitäten serviert.

Moslavina, Ulica braće dr. Sobol 13, Tel. 78 54 12. *Das* Fischrestaurant von Crikvenica nahe dem Hotel Palace Therapia.

34 Selce

Das hübsche, im Sommer überfüllte Badestädtchen mit Namen ›Dörfchen‹.

Der von Olivenhainen, dem ersten Campingplatz an der Ostadria, einem Tauchcenter und schönen sauberen Stränden gerahmte Ferienort mit seinen Eisdielen, Restaurants und Hotels an der Seepromenade zeigt dem Besucher vor allem ein modernes Gesicht. Denn vom Charme des vor 100 Jahren so beliebten Badeortes zeugen nur noch einige wenige Jugendstil-Villen.

Den alten, von vier Familien aus dem benachbarten Bribir im 14. Jh. gegründeten kleinen Ausfuhrhafen für das reiche Fürstentum Vinodol entdeckt man erst in den verwinkelten Gässchen am malerischen Hafenplatz. Das hübsche Bild wird

dominiert von der Pfarrkirche **St. Katharina** aus dem 15. Jh.

Praktische Hinweise

Tel.-Vorwahl Kvarner: 051

Information: Turist-Selce, am Hafenplatz, Tel. 76 51 59, Fax 76 51 63

Hotel

** **Slaven**, Tel. 24 12 46. Einfaches Haus an der Hafenpromenade und in Strandnähe.

Restaurant

Konoba Toć, E. Anticá 25 (Uferweg in Richtung Crikvenica), Tel. 76 52 87. Zu *pršut* oder marinierten Sardellen und gegrilltem Fisch wird guter Wein serviert.

35 Vinodol-Tal

Einst ein Fürstentum am Rande der Adria.

Von Crikvenica, Selce und Novi Vinodolski ist es nur ein Katzensprung in das seit illyrischer Zeit als ›Tor zur Nordostadria‹ fungierende, durch einen bis zu 300 m hohen Bergrücken von der Küste getrennte, enge und steile Vinodol. In diesem ›Weintal‹, wie der Name sagt, lag der limesgesicherte römische Stützpunkt **Ad Turres** inmitten eines Weinbaugebietes. Im von neun Kastellen bewachten **Fürstentum** der Frankopani, das bis ins 19. Jh. der Mittelpunkt der Region war, findet man heute zwar nicht mehr allzu viele Weingärten, dafür aber einsame Bergdörfer und malerische, geschichtsträchtige Burgruinen. 1225 überließ der kroatisch-ungarische König dieses Gebiet den Frankopani als Lehen. 1288 wurde in Novi Vinodolski ein Gesetzeskodex in der altkroatischen Schrift veröffentlicht, in dem Rechte und Pflichten von Fürsten, Leibeigenen und Kirche auf vorbildliche demokratische Weise geregelt waren. Es handelt sich um das bis 1850 gültige **Vinodolski zakonik** (Gesetz von Vinodol), einen der ältesten demokratischen Rechtskodexe überhaupt. Von Crikvenica kommend, ereicht man bald **Drivenik**, das von den Resten einer Frankopani- und Zrinski-Burg überragt wird. Von hier aus bietet sich eine traumhafte Aussicht über die Adria. Das nahe gelegene **Grižane** gilt als Geburtsort von **Juraj Julije Klović**, dem berühmten kroatischen Renaissance-Miniaturmaler. Zur Burgruine **Badanj** führt von Crikvenica aus der 2 km lange, in den 30er-Jahren des 20. Jh. für Wander- und Spazierfreunde angelegte ›Liebesweg‹. Über dem einstigen Verwaltungsort des Fürstentums, **Bribir**, erhebt sich stolz ein viereckiger Wehrturm aus dem Jahr 1302. Die barockisierte Pfarrkirche St. Peter und Paul birgt ein romanisches Goldkreuz (um 1200) vom sog. Meister Milonige und eine ›Fußwaschung‹ von Palma il Giovane. **Ledenice**, östlich von Novi Vinodolski, fungierte zwei Jahrhunderte lang als *Antemurale Christianitatis*, als christliches Bollwerk gegen die Türken.

Zu Fuß unterwegs – so lässt sich die großartige Landschaft des Vinodol mit ihren einsam gelegenen Bauerndörfern und alten Burgruinen prima erkunden

36 Novi Vinodolski

Ein netter Badeort mit Namen ›Neues Weintal‹ und einladenden Restaurants.

Das alte Novi Vinodolski mit dem hoch aufragenden Glockenturm der Pfarrkirche liegt malerisch auf einem niedrigen Hügel am Ende des Vinodol-Tals, während sich Feriensiedlungen und Campinganlage an der E 65 etwas außerhalb befinden. **Baden** kann man am Uferstreifen südlich des Fischerhafens, vor dem

Folklore muss sein – große Hotels wie das ›Lišanj‹ in Novi Vinodolski bieten ihren Gästen zum Abendessen musikalische Unterhaltung

Am Strand von Novi Vinodolski kann man bestens Badefreuden frönen

Hotel Lišanj mit Swimmingpool, einem üppigen Park und alten Villen.

Die hübsche Altstadt, geprägt von mediterranen Häusern und Gassen, war Teil der im 13. Jh. erbauten, 1761 größtenteils abgerissenen Burganlage **Novi grad**. Vom einstigen Glanz und von der Größe dieser prachtvollsten Frankopani-Residenz zeugen der markante **Renaissance-Wehrturm** und der **Modruš-Palast** am lebhaften Hauptplatz, an dem gemütliche Lokale zur Einkehr laden. Der Palast beherbergt heute das **Museum** des Ortes. Ein Gemälde der Sammlung zeigt die feierliche Unterzeichnung des *Gesetzes von Vinodol*, die am 6. Januar 1288 in den Räumen der Burg stattfand. Weitere mittelalterliche Gemälde und Dokumente, ein goldenes venezianisches Antependium von 1656, eine Waffensammlung sowie Trachten vervollständigen die Präsentation. Die im 14. Jh. erbaute und im 18. Jh. barockisierte Kirche **Sv. Filip i Jakov** birgt ein Sanktuarium von 1520, das von Paulanermönchen geschnitzte schöne Chorgestühl (17. Jh.) und vor dem Hauptaltar das Grab des schlauen *Bischofs Kristof von Modruš*. Im Jahr 1493 soll er den Türken, die seinem Heimatort in Lika stark zusetzten, nur entkommen sein, weil er eine falsche Fährte legte, indem er die Pferde verkehrt herum beschlagen ließ.

Im nahen **Bratje-Mažuranić-Haus** wurde der kroatische Ban und Dichter Ivan Mažuranić (1814–1890) geboren.

Praktische Hinweise

Tel.-Vorwahl Kvarner: 0 51

Information: Turistička zajednica, Kralja Tomislava 6, Tel./Fax 24 43 06, Internet: www.multilink.hr/novi_vinodolski

Hotel

**** Lišanj**, Tel. 24 40 22, Fax 24 43 29. Freundliches, modernes Badehotel mit Strand und Swimmingpool. Stilvoller allerdings wohnt man im dazugehörigen alten Haus im Park.

Restaurants

Adria, Korzo Vinodolskog zakonika, Tel. 24 44 21. Fangfrische Fische werden hier einfach und lecker auf dem Grill zubereitet.

Konoba Mato, Tel. 24 59 30. Im Weinkeller oder auf der hübschen Terrasse kann man es sich bei *pršut*, Käse, Fisch und Wein gutgehen lassen.

Nord-Velebit – schroffe Schönheit des Karstriesen

An den steilen Hängen des verkarsteten **Podgorje** verläuft die E 65 in Kurven gen Süden. Kurz vor der einzigen Stadt des Ostkvarner, **Senj**, überquert man auf der B 65 den 45. Breitengrad (ausgeschildert und mit Restaurant). Weiter geht es in Richtung **Jablanac**, von dessen Hafen Fähren zur Insel Rab starten. In dieser Gegend tut sich touristisch wenig. Lediglich einige wenige Restaurants, kleine Campingplätze und wunderbare Blicke auf die Insel Krk sorgen für Abwechslung. Am Fuß des 1700 m aus dem tiefblauen Meer aufsteigenden **Nord-Velebit** findet man kleine Fischerorte, aber kaum gute Bademöglichkeiten. Von der E 65 gelangt man auf die Passstraße Sveti Juraj – Oltari – Krasno und erreicht eine Höhe von 1000 m. Hier oben findet man sich in einer der traumhaftesten ostadriatischen **Wanderlandschaften** und in einem **Botanischen Garten** wieder.

37 Senj

Die berühmt-berüchtigte Uskoken-Hochburg mit bewegter Geschichte und der Trutzburg Nehaj.

Der häufig von der Bora heimgesuchte und einst als Hort der Uskoken verschriene Ort ist im Winter die kälteste Küstenstadt. Doch im Sommer lädt nicht nur der Hafenplatz mit seinen netten Cafés zu einer Pause ein, sondern es lohnt sich auch, einen Blick ins heute etwas verwahrlost wirkende mittelalterliche Gassengewirr in der Schlucht zwischen Kapela- und Velebit-Gebirge zu werfen.

Geschichte Der zunächst **liburnische** Ort war in **römischer** Zeit als Portus Senia ein bedeutender Handelshafen. Im Jahr 1469 nannte der berühmte Ungarnkönig **Matthias Corvinus** die Frankopani-Stadt sein eigen und gestand ihr Privilegien zu, die schnell den Wohlstand der Bewohner mehrten. Ab 1526 fand die vor den Osmanen flüchtende Bevölkerung im jetzt **habsburgischen Zengg** Asyl, und die bereits im Türkenkampf in Dalmatien bewährten Soldaten, die sog. *uskoki*, Uskoken (›uskočiti‹ = einspringen), wurden für die österreichischen Truppen verpflichtet und sprangen immer dann ein, wenn sie gebraucht wurden. Sie brachten im 16. Jh. nicht nur dem Erzfeind, den Türken, und den Küstenstädten, sondern auch Venedig das Fürchten bei, was u. a. die österreichisch-venezianischen **Uskokenkriege** 1615–17 auslöste. Anschließend fiel das bis dahin so muntere Senj in einen Dornröschenschlaf, aus dem ihn nicht einmal die 1779 von den Österreichern gebaute Passstraße nach Karlovac richtig wecken konnte.

Kopfloser Mann – römische Statue aus dem Stadtmuseum von Senj

Besichtigung Von den einst 13 Türmen der **Befestigung** sind ›Šabac‹ und ›Nasa‹ an der Uferstraße sowie ›Leo‹, der wuchtige, nach Papst Leo benannte Turm im Nordosten der Stadt, noch gut erhalten. Vorbei am **Posedarić-Palast**, einem der vielen mit Masken, Skulpturen oder Wappen geschmückten stattlichen Uskokenhäuser, gelangt man im Osten der Stadt zur barocken **Velika placa**. Das dortige **Residenzkastell** der Frankopani von 1340 war später auch Sitz der Senjer Kapitäne und ab 1896 Konvikt. Daneben erblickt man das mit einer Abbildung der Habsburger Krone, der Inschrift ›Josefina finae‹ und Entfernungsangaben zu den wichtigsten k.u.k.-Städten dekorierte **Große Tor** aus dem 18. Jh., wo die einst von Wien herführende Josephinenstraße endete.

Der ursprünglich romanische **Mariendom** (11. Jh.) erhielt seine heutige Gestalt im 18. Jh., den Glockenturm aber erst 1900. Zu seinen Schätzen zählen u. a. das eindrucksvolle gotische Grabmal des Senjer Bischofs Ivan Cardinalibus (1392) sowie mehrere schöne Barockaltäre. In den nahen Vukasović-Palast aus dem 15. Jh. zog das **Stadtmuseum** ein (im Sommer tgl. 9–12 und 17–20 Uhr). Zu besichtigen sind hier prähistorische und antike Funde, eine Volkskunde- und Seefahrtsammlung, eine Ausstellung zur Flora und Fauna des Velebit sowie Beispiele glagolitischer Buchkunst.

Nordöstlich des Doms, im Stadtteil **Gorica**, deutet die glagolitische Portalzahl ›1477‹ darauf hin, dass hier vermutlich die älteste glagolitische Druckerei ansässig war.

Die weithin sichtbare, mit dreifachen dicken Mauern, Türmen und Schießscharten perfekt bewehrte Uskoken-Feste **Nehaj** über der Stadt ähnelt ein wenig süditalienischen Stauferburgen. Sie wurde 1553–58 von dem Uskokenführer Ivan Lenković mit Steinen von Senjer Kirchen und Klöstern erbaut. Die interessante *Ausstellung* (im Sommer 18–21 Uhr) in den Burgräumen ist den ›Uskoken von Senj‹ gewidmet.

Praktische Hinweise

Restaurant

Lavji dvor, in Domnähe. Im noblen Ambiente eines Renaissancepalastes werden köstlich zubereitete Fisch- und Fleischgerichte serviert.

Feste Burg für die Uskoken – stolz thront das im 16. Jh. errichtete Kastell Nehaj über der Stadt Senj

38 Velebitski botanički vrt

Ein grandioses Wanderparadies mit einer ungeheuren Pflanzenvielfalt ist der botanische Garten des Velebit.

In dem hübschen Fischerort **Sveti Juraj** mit gemütlichen Lokalen am baumbestandenen Hafen lässt sich noch eine Rast am Meer einlegen, ehe man ins mächtige Velebit-Gebirge aufbricht. Wer gleich hinter dem Ort von der E 65 links abzweigt, erreicht bald das 1027 m ü. M. gelegene Bergdorf **Oltari**. Der oberhalb des Dorfes rechts abgehende Waldweg (ausgeschildert Zavižan!) führt hinauf zum nur in den Sommermonaten schneefreien **Bergsattel** zwischen Veliki Zavižan (1677 m) und Vučjak (1645 m).

Hübsche Farbkleckse in die Karstlandschaft des Velebit setzen die Zistrosen

An dessen Südflanken breitet sich der *Velebitski botanički vrt* aus. Es handelt sich um einen 50 ha großen, 1967 angelegten Botanischen Garten, in dem die über 2600 Arten umfassende ›Flora Velebitica‹ präsentiert und erforscht wird. Bei einem Rundgang (ca. 2–3 Std.) erschließt sich dem Besucher die ganze Pflanzenpracht der Region, darunter 80 endemische Spezies und fast alle Heilkräuter der ›Apotheke Gottes‹. Gelbe Degenie und Saxifraga, Kroatische Sibiraea und Aubrietia, Blauer und Gelber Enzian, Bärlapp und Edelweiß sind nur einige der pflanzlichen Juwele.

Von der am Südhang des Vučjak lehnenden **Wetterwarte** mit der auf 1524 m Höhe liegenden Berghütte **Zavižan**, in der es Übernachtungsmöglichkeiten gibt, genießt man an klaren Tagen eine fantastische Sicht auf das Hinterland, aufs Meer und die Insel Rab.

Heimat des rauen Adriawindes Bora

TOP TIPP

Das steil aus dem Meer aufragende, abends rot glühende, größte kroatische Gebirge, der **Velebit**, *umarmt die Ostküste des Kvarner und findet erst 150 km südöstlich im norddalmatinischen Hinterland mit dem* **Vaganski vrh** *(1758 m) seinen höchsten Punkt. Der Velebit ist ein teils wald- und wildreicher, mit Weidewiesen überzogener, teils extrem verkarsteter, bis 15 km breiter Kalkrücken. Sein Hochgebirgsklima wird von der rauen, nach dem griechischen Fallwind Boreas benannten* **Bora** *(bura) bestimmt.*

Seit dem Jahr 1981 stehen 200 km² Bergfläche des Velebit unter dem Schutz der UNESCO.

Der vor etwa 60 Jahren von dem Forstingenieur Ante Primužič entlang dem nord- und mittelvelebitischen Bergrücken vom Pass **Vratnik** *(700 m) oberhalb von Senj durch den* **Botanischen Garten** *[s. oben] bis zum Pass* **Baške Oštarije** *(929 m), mit gutem Berghotel, trassierte, 57 km lange* **Primužič-Wanderweg** *ist eine überaus beliebte Trekker-Route. Er verbindet die attraktivsten Ausflugsziele und Gipfel des Velebit. Der reizvollste, mit Schutzhütten ausgestattete Abschnitt südlich vom Botanischen Garten passiert die Rožanski und Hajdučki kukovi, ein 18 km² umfassendes, bizarr zerklüftetes Felsenlabyrinth aus gespaltenen Kalkwänden und Abgründen. Bei Ravni Dabar quert der Wanderer die wunderbare Winnetou-Film-Landschaft. Vom Dorf Gornja Klada südlich von Sveti Juraj [s. S. 91] können erfahrene Bergsteiger den direkten, aber schattenlosen Aufstieg von der E 65 zur Hütte Zavižan wählen (5–6 Std., 1300 Höhenmeter).*

Praktische Hinweise

Information: Im Eurocamp Rača, gleich südlich von Sveti Juraj, und im Hotel Ablana in Jablanac. Die Spezialwanderkarte ›Sjeverni i srednji Velebit‹ (Nord- und Mittel-Velebit) besorgt man sich in einer der Buchhandlungen Rijekas.

39 Jablanac

Fährhafen für die Insel Rab.

Für die trubelige Atmosphäre in Jablanac sorgt allein die Pendelfähre, die von dem kleinen Ort in der windgeschützten Bucht zur Insel Rab übersetzt. Darüber hinaus bietet sich Jablanac jedoch auch als idealer Ausgangspunkt für Bergtouren in den Nord- und Mittel-Velebit an.

Von 13. bis 16. Jh. gab es am Felsenkap das Kastell **Ablana**, an dem inzwischen ein neues gleichnamiges Hotel ansässig ist. In der **Villa Hirtz**, der angeblich am niedrigsten gelegenen Berghütte der Welt auf der 20 m hohen Felsklippe gegenüber dem Hotel, verfasste der Wiener Botaniker Arpad von Degen 1936 seine *›Flora Velebitica‹*, das Standardwerk über den Pflanzenreichtum des Velebit.

Ein schmaler Uferweg führt von Jablanac in den landschaftlich sehr reizvollen, verkarsteten und gern auch von Skippern angesteuerten **Zavratnica-Fjord.** Westlich von Jablanac liegt in der Bucht **Stinica** die gleichnamige Feriensiedlung mit guter Bademöglichkeit.

Wunderschöne Wanderwelt – auf Schusters Rappen unterwegs im Velebit-Gebirge

Praktische Hinweise

Hotel

*** **Ablana**, Tel. 0 53/88 72 16, Fax 88 72 17. Sehr idyllisch liegt dieses moderne, im Jahr 1996 eröffnete, verspiegelte, kleine Hotel (20 Zimmer) auf den Klippen. Restaurant mit Meerterrasse und Badestrand.

Blick zurück nach Jablanac – von hier aus verkehren die Fähren zur Insel Rab

Kvarner Quartett – endlose Badestrände und traumhafte Urlaubsziele

Die größte adriatische und nördlichste kroatische Inselgruppe schwimmt vor der Festlandküste im Kvarner Golf, zwischen der Ostküste Istriens, dem hohen Velebit-Gebirge und um das große Meerbecken Kvarnerić herum, das erste Delphinreservat im Mittelmeer. Die vier so unterschiedlichen großen Eilande **Cres**, **Lošinj**, **Krk** und **Rab** sowie die kleinen, geruhsameren **Lošinjer Inseln** – alle warten sie mit kontrastreichen mediterranen Landschaften und endlosen Badeküsten auf, stellen jede für sich eine eigene einzigartige Welt dar. Die uralten Seepassagen **Kvarner, Riječki zaliv** und **Velebitski kanal**, die zahlreichen, teils abenteuerlichen Meerengen und Kanäle sind ein Segelparadies par excellence.

Der sich von der Ostküste Istriens 100 km in den Süden erstreckende Inselzug gehört dem naturnahen, borabestimmten Cres und seiner beliebten subtropischen ›Schwester‹ Lošinj. Die Lošinj, Krk mit seinen blühenden Badeorten und das sonnenverwöhnte Rab verzeichnen die meisten Urlauberzahlen.

Wegen der guten Fähranbindungen, der Brücke nach Krk und der kurzen Überfahrten eignen sich die Kvarner Inseln auch gut für eine Rundreise in kurzer Zeit.

40 Insel Krk

Ungetrübte Urlaubsfreuden auf der Prachtinsel der Frankopani.

Die **größte Adriainsel** (410 km², 16 000 Einw., 200 km Küste) präsentiert sich an ihrer Nordspitze marmorkahl, im Osten hingegen gebirgig und mit fruchtbaren Flyschtälern. Den sanften Westen prägen sommergrüne Laubwälder, den Westküstensaum und den kaum bewohnten, sehr weitläufigen Südwesten immergrüne Steineichen.

Der moderne **Tourismus** hat erst mit der Errichtung der Krčki most (Krk-Brücke) 1980 verstärkt Einzug gehalten. Die gut ausgebaute **Inselroute** führt von Omišalj nach Krk an der Südküste und weiter nach Baška an der Südostküste, eine Abzweigung nach Valbiska an der Südwestküste, wo die Fähren nach Cres ablegen. Der Badetrubel konzentriert sich ganz auf die Westküste, die Strände der Stadt Krk und auf Baška.

◁ **Oben:** *Formidable Farbkontraste bietet der Blick von Senj hinüber zur Insel Krk*

Unten: *Turbulenter Touristenmagnet ist die herrliche Bucht Zgribnica in Vrbnik (Krk)*

Geschichte Schon in grauer Vorzeit waren die Höhlen von Krk bewohnt. Die Überreste des **liburnischen Kurik**, Wallburgen (*gradine*) und Grabhügel (*tumuli*), finden sich überall auf der Insel. Aus dem Meer geborgene Amphoren zeugen vom regen Seehandel in der Antike. 49 v. Chr. fand vor dem **römischen Curicum**, dem heutigen Krk, die Schlacht zwischen den Flotten Caesars und Pompeius' statt. Im Jahre 9 n. Chr. fügte Kaiser Augustus die Liburnische Küste und Krk als Provinz Dalmatia seinem Reich hinzu.

Ab dem 6. Jh. siedelten sich im Zuge der slawischen Völkerwanderung **Kroaten** auf Krk an und machten es zu einem frühen altkroatischen Kulturzentrum. Selbst der glagolitische Gottesdienst [s. S. 72] wurde im 11. Jh. vom Vatikan genehmigt. Zeugnisse aus dieser glanzvollen Epoche des ersten kroatischen Staates sind vorromanische Kuppelkirchen, die 900 Jahre alte Steinplatte Bašćanska ploča und das Missale von

Vrbnik aus dem Jahr 1462, das heute in der Vatikanbibliothek gehütet wird.

Trotz der Eroberungsversuche durch die **Venezianer** hatten die einheimischen Fürsten noch lange Zeit das Sagen. Erst 1480 fiel Krk als letzte ostadriatische Insel an die Dogen, die Gold, Steuergelder und Galeerensklaven verlangten. Die reiche Insel verarmte. Die Lage besserte sich erst, als die **Habsburger** mit dem Ausbau der Kvarner Bucht begannen und Krker Wein zum wichtigen Exportgut wurde.

Von 1918 bis 1941 wurde Krk zur Grenzinsel des **jugoslawischen Königreichs** degradiert, in der Folge wanderten viele Bewohner nach Amerika aus. 1941–45 leistete die Bevölkerung erbitterten Widerstand gegen die italienische und deutsche Besatzung.

Westküste

Die mautpflichtige **Krčki most**, insgesamt 1,3 km lang und 60 m hoch, ist ein Meisterstück moderner Brückenbaukunst. Der 390 m messende Stahlbetonbogen von der Dubno-Spitze nach Sv. Marko gilt als der längste der Welt. Auf der karstigen Nordspitze Krks liegt auch der Flughafen Rijeka.

An der Nordwestküste breitet sich auf einem grünen Hügelrücken **Omišalj** aus. Es war im 12. Jh. als ›Castrum musculi‹, als Muschelstätte, und als eine der vier Hochburgen der Frankopani bekannt. Sein hübsches mittelalterliches Bild hat sich der lebhafte Ort trotz des Ölhafens bewahren können. Der dreischiffigen romanischen *Marienkirche* von 1213 wurde im 16. Jh. eine Laterne aufgesetzt. Die fein gearbeitete Fensterrose zwischen einer glagolitischen Inschrift und einem Markuslöwen ist das Werk eines gewissen Meisters Sinoga aus dem Jahr 1405. Zu den Schätzen des alten Gotteshauses zählen Flechtwerkornamente (9./10. Jh.), ein bunter, teils vergoldeter Renaissancehochaltar, glagolitische Inschriften und ein Triptychon von Jacobello del Fiore aus dem 15. Jh. Die *Renaissanceloggia* neben dem Glockenturm von 1536 und die spätgotische *Helenakirche* aus dem 15. Jh. an der Ostseite runden das schmucke Ensemble am Hauptplatz ab. Der unterhalb liegende **Omišaljski zaliv** wird von Badehotels gesäumt.

In dem hübschen, 6 km südlich gelegenen einstigen Fischerdorf **Njivice** fallen vor allem die blumenbunten Gärten ins Auge. Dann erst entdeckt man die zahlreichen Restaurants, Eisdielen und Fastfood-Buden an der Ribarska obala. Die nördlich in Laubhainen versteckten Hotels und die Campinganlage sind im Sommer fest in Touristenhand. Familien- und Aktivurlaub ist in diesem munteren Ferienort mit den feinkiesigen und flachen Stränden angesagt!

Auf einer reizvollen Wanderung entlang dem *Rajski put*, dem ›Paradiesweg‹ nach Haludovo-Malinska (5 km) südlich,

Doppelt geschwungen hält besser – die elegant und federleicht wirkende Brücke Krčki most verbindet die Insel Krk mit dem Festland

Zu den schönsten Orten auf der Insel Krk zählt das malerische Vrbnik, in dessen Umgebung der qualitätvolle Weißwein Vrbnička žlahtina produziert wird

vorbei an der Feriensiedlung Kijac, durch Flaumeichenwälder auf der Landspitze Čuf, stößt man hier und da auf schöne Badebuchten. Heißer Tip für Romantiker: ein Nachtspaziergang entlang der Küste mit dem überwältigenden Anblick des leuchtenden Lichtermeers der Opatijska riviera und Rijekas.

Auch das in einer Bucht geborgene, sympathische **Malinska** erfreut sich bei Wasserratten größter Beliebtheit. Den aus zwei Dutzend Weilern entstandenen venezianischen Holzausfuhrhafen entdeckten die ersten Touristen bereits zu Beginn des 20. Jh. Unterkunft findet man in Privatzimmern, Pensionen, der Hotelanlage *Haludovo* oder in dem Apartmentdorf *Ribarsko selo* mit kleinem Jachthafen. Bemerkenswert in der *Apollinariskirche* aus dem 19. Jh., südöstlich des Hafens, ist das moderne Vier-Flügelwesen-Relief (Engel, Löwe, Stier und Adler) am Marmor-Lesepult, das die vier Evangelisten symbolisiert.

Oberhalb von **Porat** erblickt man das Franziskanerkloster aus dem 15. Jh., mit Kirche und kleinem Museum. Das schöne Altarbild ›Maria Magdalena mit Heiligen‹ (16. Jh.) malte Girolamo da Santacroces Sohn Francesco.

Eine schmale Straße, die von der Route zum Cres-Fährhafen Valbiska abzweigt, bringt den Besucher zum Franziskanerkloster **Glavotok** von 1468 – ein Geschenk Ivan Frankopans an die glagolitischen Mönche. Idyllisch erhebt es sich auf einem Felsvorsprung an der Südwestküste, links und rechts kann man auch baden. Die Gemälde am Hochaltar der schlichten gotischen Kirche, ›Klosterpatronin Maria‹, ›Hl. Franziskus‹ und ›Hl. Bonaventura‹, schuf Girolamo da Santacroce. Die zwei schönen marmornen Seitenaltäre fertigte 1760 Giuseppe Bisson. In der einsamen Bucht **Čavlena** nördlich steht die der Dunatkirche von Punat [s. S. 99] ähnelnde altkroatische Kuppelkirche **Sv. Krševan** (Chrysostomos).

Vrbnik

Das 900 Jahre alte pittoreske Klippenbollwerk der Frankopani an der Nordostküste war ab 1388 die **Hochburg des Glagolismus** [s. S. 72]. Heute ist der zauberhafte kleine Ort die Domäne des weißen Qualitätsweins *Vrbnička žlahtina*. Heimelige Konobas laden zur Kostprobe des prämierten, in den Weingärten auf dem Polje Veli Jaz gedeihenden trockenen Edeltropfens ein. Badefreuden frönen kann man in der kristallklaren Bucht **Zgribnica**, aber auch in den um-

Manch guter Tropfen fließt in den Felskellergewölben des Restaurants Nada in Vrbnik durch die Kehlen der Gäste

liegenden Buchten, die man am besten per Boot erreicht.

Vom baumbestandenen **Trg Sv. Ivan** mit Kapelle kommt man auf der dörflichen *Varoš* zunächst zur gotischen Marienkapelle am Fels. Von dort, an Mauerresten und der so empfehlenswerten, im Sommer aber oft auch sehr gut besuchten Felskonoba **Nada** vorbei, geht es hoch über dem Meer zur **Marienkirche**. Das Ende des 16. Jh. inmitten des malerischen Gassenkerns erbaute Gotteshaus wird von einem Glockenturm überragt und besitzt im Inneren eine sehenswerte hölzerne Kassettendecke. Den Renaissance-Hauptaltar ziert die ›Madonna auf der Mondsichel‹, ein Gemälde des Montenegriners Marin Cvitković. Von ihm stammt auch die miniaturhafte Predella mit dem ›Letzten Abendmahl‹ von 1599 an der linken Chorwand. Den Rosenkranzaltar im Stil der Frührenaissance in der gotischen Seitenkapelle hat Fürst Ivan Frankopan 1477 in Venedig in Auftrag gegeben. Er und seine Frau Elisabeth sind kniend abgebildet, 15 fein gearbeitete Medaillons zieren die Szenen aus dem Leben von Christus und Maria.

Das **Dinko-Vitezić-Haus** an der kleinen Placa mit Konoba, Café und einfachem Hotel beherbergt die Biblioteka Vitezić, eine 15 000 Bücher umfassende private Sammlung des Kämpfers für die kroatischen Rechte im Wiener Abgeordnetenhaus Dinko Vitezić (1822–1904). Neben vielen glagolitischen Manuskripten und Inkunabeln aus dem 14./15. Jh. sind das illuminierte erste Vrbniker Missale (15. Jh.) sowie der in Nürnberg gedruckte ›Atlas Scolasticus et Itinerarius‹ (1748) von G. D. Kochler besonders kostbar.

Stadt Krk

Das von einem Zwiebelturm bekrönte hübsche **Alt-Krk** liegt mit seinem Fischerhafen zwischen zwei Buchten. Es wurde mit dicken Mauern und Bastionen zum Land und zum Meer hin geschützt. Über die grünen Abhänge zu beiden Seiten zieht sich das moderne **Neu-Krk**, mit Hotels östlich, Campinganlage westlich sowie attraktiven Felsstränden. Parken kann man längs der Hafenallee, am Markt und am Kaufhaus vor der Westmauer.

Schon im 4./3. Jh. v. Chr. wurde der Ort als ›Splendidissima Civitas Curictarum‹, als ›herrlichste Stadt Curictarum‹, gepriesen. Noch heute folgen die Gassen z. T. dem Straßenraster der einstigen Römerstadt. Annähernd 15 000 Einwohner soll sie gezählt und eine Thermenanlage besessen haben. Ab dem 6. Jh. war Krk Bischofssitz, das Stadtbild wurde während der Glanzzeiten der Krker Fürsten Frankopani (1115–1480) entscheidend gestaltet.

In der Westmauer öffnet sich die Altstadt neben dem Hafenturm **Kula** von 1407 an der Stelle der früheren Magna porta civitas. Auf der **Vela placa**, dem einstigen Forum, mit Cafés und hohem Stadtbanner, fällt sogleich das römische 24-Stunden-Ziffernblatt am Viereckturm des einstigen venezianischen Rathauses ins Auge.

Die hübsche Laden- und Flaniergasse **Strossmayera** führt von der Vela placa zum einstigen Osttor. Oberhalb steht auf dem Trg Krčkih glagoljaša, dem höchsten Punkt Krks, die romanische Kirche **›Unsere liebe Frau vom Heil‹** (Gospa od zdravlja). Man betritt das 1973 renovierte, mit antiken Säulenschäften und romanischen Kapitellen geschmückte Gotteshaus durch den Glockenturm mit Spitzhelm (19. Jh.). Die einst dazugehörende Benediktinerabtei wurde im 15. Jh. aufgegeben. Die große **Franziskuskirche** (Sv. Franjo, 13./14. Jh.) mit angeschlossenem Kloster neben dem einstigen Landtor birgt die Grablegen von Krker Patriziern. Das Altarbild ›Muttergottes mit Franziskanerheiligen‹ wird dem berühmten Giovanni Pordenone

Einen grandiosen Akzent im Panorama der Altstadt von Krk setzt der Renaissancezwiebelturm der Quirinskirche aus dem 10./11. Jh.

(15./16. Jh.) zugeschrieben. In der Nähe steht auch die 1780 barockisierte **Benediktinerinnenabtei** mit der Marienkirche aus dem 14. Jh. Sie unterliegt einer strengen Klausur.

Auf dem Trg Kamplin an der Meermauer, wo an Sommerabenden kulturelle Veranstaltungen stattfinden, erhebt sich neben der wuchtigen vierschrötigen Kamplin-Wehrwarte vom Ende des 12. Jh. auch das vermutliche **Frankopanenkastell** (1197). Die Inschrift und der Markuslöwe am Rundturm allerdings huldigen Venedig. Zwischen dem **Bischofspalast** mit seiner Sammlung italienischer Gemälde und dem Trg Sv. Kvirin ragen die romanische Marien-Kathedrale (12. Jh.) und die zweistöckige **Quirinskirche** aus dem 10./11. Jh. empor, die der 1765 vollendete, mit einem Posaunenengel bekrönte Renaissancezwiebelturm markiert. Im Raum mit der Sakralausstellung (im Sommer 9.30–13 und 20–22 Uhr) im ersten Stock des Turms, den man vom Quirinsplatz über die Außentreppe betritt, ist ein schön gearbeitetes vergoldetes venezianisches Retabel sehenswert. Eine Tür führt von hier in die herrliche dreischiffige, im 5./6. Jh. auf römischen Thermen errichtete **Marien-Kathedrale**, die im 15./16. Jh. sukzessive vergrößert und erneuert wurde. Der barocke Hochaltar (1830) aus weißem Marmor bildet einen üppigen Kontrast zu den meist antiken Kapitellsäulen mit Akanthusblättern. Die Gemälde ›Abendmahl‹, ›Brotvermehrung‹, ›Abraham opfert Isaak‹ und ›Mannawunder‹ im Chor malte 1706 Tasca da Bergamo. Beachtenswert sind darüber hinaus im Boden die kunstvollen Grabsteine Krker Bischöfe und des Krker Galeerenkommandanten Ludovicus Cicuta (1575), der im Verbund mit den Venezianern in der Schlacht von Lepanto focht. Interessant sind außerdem zwei Renaissanceambonen, ein silberner Madonnenstock (15. Jh.), gotische Kruzifixe, die hölzerne Kanzel aus dem 17. Jh. und das Tafelbild ›Grablegung‹ von Giovanni Pordenone. Die *Frankopani-Kapelle* im linken Seitenschiff vorne zeigt in den Schlusssteinen des gotischen Netzgewölbes die Brot verschlingenden Löwen und das ältere Wappen der Krker Fürsten, den sechseckigen Stern. In der *Herz-Jesu-Kapelle*, im 18. Jh. erweitert, sieht man die schöne ›Kreuzabnahme‹ eines italienischen Meisters des 16. Jh. und die ›Schlacht bei Lepanto‹ von A. Vicentino.

Durch die **Mala vrata**, das einzige erhaltene Tor der Stadtbefestigung, kommt man zur immer sehr belebten **Uferpromenade** mit ihren Cafés und Restaurants und dem Hotel Marina [s. S. 103].

Punat und Stara Baška

Bei der so archaisch wirkenden altkroatischen **Dunatkirche** (9. Jh.) östlich von Krk biegt eine Straße von der Hauptrou-

Weit wandert der Blick über die ›Mondlandschaft‹ bei Stara Baška und erhascht immer wieder ein Stück Meeresblau

te nach Punat und Stara Baška ab. Reizvoll ist der Blick auf die sonnenverwöhnten sanften Hänge der *Puntarska draga* mit der Klosterinsel Košljun in ihrer Mitte und dem dichten Mastenwald. **Punat,** der vor allem am Kai bunt-belebte Hafen des 19. Jh. mit kleiner Werft und einfachen Ferienhotels, kann sich stolz des größten kroatischen Jachthafens rühmen. Reste des uralten, bereits 1480 erwähnten Weinbauerndorfs mit Namen ›Villa di Ponte‹ findet man noch um die *Dreifaltigkeitskirche* von 1773, deren Erweiterung der aus Punat stammende Präsident von Costa Rica (1962–66), Franjo Orlic, finanziell unterstützt hat. Blickfang im Inneren ist der barocke Tiroler Hauptaltar mit dem Gemälde ›Johannes d. T. in der Wüste‹ (18. Jh.) von dem venezianischen Künstler D. Maggiotto. Bemerkenswert ist auch die gotische Anna Selbdritt (15. Jh.) an der linken Seitenwand.

Archaisch schön – die altkroatische Dunatkirche (9. Jh.) bei Punat

Wunderschöne, malerische Gassen führen hinauf zu kleinen Gehöften mit rebenumrankten Altanen und schmalen Außentreppen. Eine alte *Ölmühle* beherbergt heute eine Galerie, in der moderne kroatische Künstler ausstellen.

Fährt man von Punat nach **Stara Baška**, der Einöde der Fischer und Hirten am kargen Steilhang, so kann man tief unter sich die türkisblau und weiß leuchtende buchtenreiche Küste mit ihren herrlichen Stränden sehen. Grandios ist von hier aus der Blick über den Kvarnerić: im Westen liegt vor dem ›Riesen‹ Cres die Schafinsel Plavnik, im Süden Rab und vor der Campingbucht die Leuchtturmklippe Galun.

TOP TIPP Košljun

›Franziskaneroase des Friedens und des Heils‹ wird die 6,5 ha große, überaus idyllische **Kloster- und Museumsinsel** genannt, zu der man mit dem Boot-Taxi in 15 Min. von Punat aus übersetzen kann. Der Legende nach wurde die Bucht von Punat vor 3000 Jahren überflutet, weil ein älterer Bruder seinen jüngeren blinden Bruder bei der Ernteaufteilung betrogen hatte. Der Bösewicht wurde von den Meereswogen verschlungen, während der Betrogene das noch aus dem Wasser ragende üppige Elysium erhielt, das noch heute paradiesisches Grün aufweist.

Einst Sommersitz römischer Aristokraten und später Benediktinerabtei wurde Košljun im 15. Jh. von den Franziskanern übernommen. Die Dukaten für das 1523 neu errichtete Stift stammten aus der Schatulle von Fürst Ivan Frankopan und seiner Tochter Katarina. Das Grab der edlen Spenderin findet man an der linken Wand der einschiffigen, im 18. Jh. barockisierten **Marienkirche**, die darüber hinaus ein wertvolles Marien-Polyptychon von Girolamo da Santacroce aus dem Jahr 1535 birgt. Neben dem Inselpatron Quirin sind auf den Tafeln auch die Donatoren als hl. Katharina und hl. Johannes d. T. verewigt. Das gewaltige ›Jüngste Gericht‹ dahinter malte 1653 Francesco Ughetto, die 14 poetischen Kreuzwegbilder (1960) an den Seitenwänden gehen auf Ivo Dulčić zurück.

Auf Košljun – freundliche Mönche geleiten die Besucher zur Marienkirche ...

... in deren Innenraum u. a. ein wertvolles Marien-Polyptychon (1535) von Girolamo da Santacroce zu bewundern ist

Die **Bernardinkapelle** beherbergt ein schönes kleines Sakralmuseum. Eine hebräische Bibel (11. Jh.), zwei Neumen auf Pergament aus derselben Zeit, sehr alte glagolitische Handschriften und Wiegendrucke sind nur einige der Schätze aus der 30 000 Bände umfassenden Inselbibliothek, in der auch der Originalatlas von Ptolomäus (1511) und Strabon (1573) gehütet wird. Besonders anrührend ist auch der siegreiche romanische ›Christus am Kreuz‹ (12. Jh.) mit Königskrone. Im **Kreuzgang** ausgestellte präparierte Tiere, Perlenaustern und alte Fossilien gehörten zum Unterrichtsmaterial des ersten kroatischen Gymnasiums im Kvarner, das 1894 hier auf Košljun eingerichtet wurde. In der volkskundlichen Sammlung kann man u. a. Schiffsmodelle, liburnischen Schmuck, römisches Glas und schöne Krker Volkstrachten bewundern (tgl. 9.30–11.30 und 14.30–16.30 Uhr).

Baška

Höllisch heiß und auch höllisch voll kann es im Sommer in diesem hübschen Seestädtchen werden, das sich an die sichelförmige Baščanska draga im sehr steinigen und bergigen Südosten von Krk schmiegt.

So schön, dass man sich kaum satt sehen kann – Blick auf die Bucht von Baška ▷

Die Straße dorthin führt zunächst auf den waldreichen Pass **Treskavac** (316 m), nördlich des höchsten Inselbergs Obzova (569 m), und quert anschließend das längliche, von hohen Bergketten gerahmte und ländlich geprägte Flyschtal Draga Bašćanska.

In **Jurandvor** sieht man linker Hand unter Felswänden die frühromanische Kirche Sv. Lucija. Hier wurde 1851 ein bedeutender Fund gemacht: das älteste kroatische, glagolitisch verfasste Schriftstück, die sog. **Bašćanska ploča** (um 1100), die Steintafel von Baška. Heute ersetzt eine Kopie das Original, das in der Zagreber Akademie der Wissenschaften und Künste gehütet wird. Der 13 Zeilen umfassende, mit Weinblättern geschmückte Text verkündet u. a., dass der kroatische König Zvonimir dem Abt Držiha das Grundstück geschenkt und Abt Dobrovit zusammen mit neun Klosterbrüdern die Kirche erbaut habe.

Auf dem Weg zur Mole von Baška, von der aus die Fährschiffe zur Insel Rab verkehren, zweigt eine Straße zur gelben Friedhofskirche **Sv. Ivan** am steilen Osthang ab. Das vierte Kastell der Krker Frankopani, Stari grad (= Alt-Baška), wurde im 14. Jh. von den Venezianern verwüstet, so dass nichts mehr davon erhalten ist. Unten am Meer wurde dann im 16. Jh. der neue Ort Baška erbaut. Über diesen, den Kiesstrand Vela plaža mit den Badehotels und das Tal hat man einen einmaligen Blick von hier oben.

Ältestes erhaltenes Zeugnis in kroatischer Sprache: die um 1100 verfasste Steintafel Bašćanska ploča

Parallel zur schönen Kaipromenade **Palada** mit Fischrestaurants verläuft die höher liegende Hauptgasse **Kralja Zvonimira** mit Eisdielen und Bars. In den verwinkelten Gassen liegen Häuser mit reich bepflanzten Innenhöfen. Die barocke **Dreifaltigkeitskirche** von 1722 birgt frühromanische Säulen, ein dramatisch-bewegtes ›Letztes Abendmahl‹ von Palma il Giovane und die schöne ›Marienkrönung‹ (18. Jh.) von dem Krker Priester und Maler Franjo Jurić auf dem geschnitzten Renaissancealtar. Den linken Seitenaltar vorne ziert eine ›Muttergottes mit Engeln und Heiligen‹ von Marco Marziale aus dem 15. Jh. Das benachbarte kleine **Museum** präsentiert Dorftrachten sowie altes Haus- und Seemannsgerät.

TOP TIPP Der über 2 km lange, herrliche Kieselstrand **Vela plaža** ist während der Sommermonate fest in der Hand von Touristen. Entlegene feinkiesige Badebuchten wie **Vela luka** und **Mala luka** nordöstlich des FKK-Camping Bunculuka und der Burgruine Bosar erreicht man über steinige Pfade.

Praktische Hinweise

Tel.-Vorwahl Kvarner: 0 51

Information: Turistička zajednica Njivice, Ribarska obala 10, Tel. 84 62 43, Fax 84 76 62. Malinska, Obala 46, Tel. 85 92 07, Fax 85 82 54. Vrbnik, Trg Sv. Ivana 2 a, Tel./Fax 85 73 10. Krk, Vela placa 1, Tel. 22 25 83, Fax 22 14 14. Punat, Obala 72, Tel. 85 48 60, Fax 85 49 70. Baška, Zvonimirova 114, Tel. 85 68 17, Fax 85 65 44.

Hotels

***Argentum**, Vrbnik, Supec 68, Tel. 85 73 70, Fax 85 73 52. Gut geführtes kleines Haus mit angenehmer Atmosphäre. Terrassenrestaurant mit wunderbarem Blick auf Vrbnik und zum Festland.

*** **Corinthia**, Baška, Tel. 65 61 11, Fax 84 65 84. Das beste der drei Strandhotels mit moderner, nüchterner Einrichtung. Aus dem Rahmen fallen hier Frühstücks- und Abendessenbuffet.

*** **Marina**, Krk, Obala hrvatske mornarice, Tel./Fax 22 11 28. Behagliches kleines Stadthotel mit sonniger Terrasse am Hafenkai.

*** **Palace**, Haludovo-Malinska, Tel. 85 91 11, Fax 85 98 18. Bestechend sind die herrliche Lage in einem mediterranen Park am Meer, die große Sonnenterrasse und der Swimmingpool dieser Anlage im Pop-Art-Outfit der 70er-Jahre des 20. Jh.

** **Beli Kamik**, Njivice, Tel. 84 62 22, Fax 84 61 16. Sportbegeisterte Urlauber sind in diesen beiden großen, modernen Ferienhotels mit Strand und Tennisplätzen bestens aufgehoben.

Restaurants

Bacchus, Krk, Strossmayera 16, Tel. 22 20 02. Feines vom Grill kommt in dieser hübschen Altstadtkonoba auf den Tisch.

Frankopan, Krk, Trg Sv. Kvirina, Tel. 22 14 37. Gemütliches Lokal mit großer Terrasse. Fischspezialitäten.

Kanajt, Punat, Tel. 65 43 42. Leckere Nudelgerichte und exzellent zubereiteten Fisch kann man in diesem noblen Treff in der Nähe des Jachthafens genießen.

Konoba Nono, Porto Pižana, Tel. 22 22 21. Ausgezeichnete Krker Küche und das mit Blick auf die Krker Altstadt.

Mescalito, Baška, Zarok 6. *Der* Beachtreff auf der Terrasse mit Schilfschirmen oder in der Night-Bar. Pizzen, Risotti und Nudeln gibt's auch.

Nada, Vrbnik, Tel. 85 70 65. Vorspeisen wie gratinierte Muscheln oder Fisch in Salz, dazu *Vrbnička žlahtina*, sind in dem Klippenrestaurant mit Konoba ein kulinarischer Hochgenuss.

Piccola Venezia, Malinska, Porat 10, Tel. 86 70 87. Traditionelles Familienrestaurant mit viel Atmosphäre.

TOP TIPP **Rivica**, Njivice, Ribarska obala 13, Tel. 84 61 01. Sehr empfehlenswert ist dieses Lokal, in dem delikate Fisch- und Fleischgerichte in stilvollem, familiärem Ambiente serviert werden.

41 Insel Cres

Ein Landschaftsparadies, archaisch schön und ungebändigt.

Das lang gestreckte und schmale, im Norden steile, südwärts allmählich abfallende Cres (407 km², 2800 Einw.) ist erst zusammen mit dem viel kleineren, nur durch einen Kanal getrennten Lošinj (75 km², 8500 Einw.) komplett. Gemeinsam sind den beiden ihre **Autofährhäfen** im Norden von Cres, Merag und Porozina, die **Inselroute** Porozina – Veli Lošinj – übrigens die längste (80 km) und attraktivste der gesamten Adria – und die turbulente **Geschichte**. Und außerdem sind die beiden Inseln nichts anderes als die Fortsetzung des istrischen Bergmassivs Učka [s. S. 62] im Meer.

Was vor allem an der Insel Cres fasziniert, ist ihre erstaunlich kontrastreiche **Landschaft**. So geht etwa der Laubwald des Nordens und der Nadelwald der Inselmitte in eine schier endlos scheinende Steinwüste über. Sie ist durchzogen von kilometerlangen Trokkenmauern (*gromače*), zwischen denen Schafe an kümmerlichen Gräsern und Kräutern knabbern. Den Süden von Cres dagegen bedeckt immergrüner, dichter Macchiawald *(garigue)*. Kein Wunder, dass diese Insel so köstlichen Salbeihonig und so schmackhaftes Lamm hervorzuzaubern vermag.

Auf der Insel Cres begleitet den Wanderer auf Schritt und Tritt der betörende Duft von Ginster und Salbei, Rosmarin und Minze

Geschichte Schon in grauen Urzeiten lebten Menschen auf Südcres, in den Felsgrotten des Berges Osoršćica und in der Hafenbucht von Mali Lošinj. Die **illyrischen Liburner** stellten dann ab 1600 v. Chr. ihre Wallburgen auf den Archipelrücken und kontrollierten die Seepassagen. In der **Antike**, als das Inselpaar noch *Apsirtides* hieß, führte die berühmte *Bernsteinstraße*, der Haupthandelsweg vom Baltikum nach Asien, durch *Apsoros* (das spätere Osor), eine der blühendsten Handelsmetropolen im Mittelmeerraum.

Byzanz erhob Osor im 6. Jh. zum Bischofssitz. Nachdem Lošinj vom 6. bis 13. Jh. unbewohnt war, siedelten sich im 7. Jh. auf Cres **Kroaten** an.

Am 9. Mai 1000 besetzte der Doge Pietro Orseolo Osor. Es folgten **Byzanz**, Ende des 11. Jh. der kroatische König Krešimir, und Ende des 12. Jh. regierte ein eigener Doge. 1280 ist Lošinj erstmals urkundlich erwähnt, ab 1384 als ›Isola di Lussin‹ verzeichnet.

Die Creser Fürsten mussten 1409 abdanken. Die fast 400 Jahre währende Herrschaft der **Serenissima** nahm ihren Anfang. Osor, das Seehandelszentrum des Kvarner, wurde als direkte Konkurrentin Venedigs vernichtet. Im 15. Jh. gründeten Mali Lošinj und Veli Lošinj ihre eigenen Seeflotten. Cres wurde Verwaltungssitz, andere Orte verarmten.

Ab 1813 gehörten die beiden Inseln ein ganzes Jahrhundert lang zu **Österreich**. Während sich Lošinj aufgrund seines günstigen Klimas vor allem als Winterkurort der Donau-Klientel hervortat, lebte die Creser Bevölkerung von Schaf-

Im Norden von Cres liegt der Fährhafen Porozina, zu dem man vom Festland übersetzt

zucht, Wein- und Olivenanbau. Mit dem Aufkommen der Dampf-, die die Segelschifffahrt ersetzte, und infolge der verheerenden Auswirkungen der Reblausplage setzte Ende des 19. Jh. eine Auswanderungswelle vom ganzen Archipel nach Amerika ein.

Mit dem Vertrag von Rapallo wurden die Inseln 1920–43 italienisch, 1945 jugoslawisch.

Nordcres

Größter Beliebtheit bei **Wanderern**, **Bikern** und **Jagdfreunden** erfreut sich das einst so reiche Hirtenland Tramuntana im Norden von Cres.

Von **Križić**, dem Eisenkreuz am höchsten Punkt der Hauptstraße und der schmalsten Stelle auf dem Bergrücken Sis (638 m), genießt man einen fantastischen *Rundblick*: Beidseitig bricht hier die Insel Hunderte von Metern tief zur zerklüfteten Felsküste ab. Betörend ist auch der unglaublich intensive Duft des *Salbei*. Und wenn hier oben, wie so oft, die *Bora* bärenstark wütet, kann auch dies ein Erlebnis der besonderen Art sein.

Der hinter dem gemauerten Windwall abzweigende schmale Asphaltweg führt zum mittelalterlichen **Beli**, das malerisch auf einer Klippe liegt. Der Besuch dieses Ortes – übrigens des einzigen an der Ostküste! – lohnt schon wegen der Fahrt durch die herrliche Steineichen-Landschaft und wegen der atemberaubenden Blicke hinunter zum tiefblauen Meer. Das nachweislich schon seit 4000 Jahren bewohnte idyllische Fleckchen bestand in der Antike aus einer Ringburg und zählte zu den vier Inselzentren. Die Römer erschlossen das ›Caput insulae‹ mit einer Straße. Die wuchtige *Brücke* an der Talsenke erinnert noch daran. Vor dem Ortseingang erkennt man noch die Grundmauern uralter Ställe und verfallene altkroatische Bethäuser. Einer altgriechischen Agora ähnelt der *Marktplatz* mit der Loggia. Die glagolitische *Pfarrkirche Mariä Tempelgang* wurde im 19. Jh. erneuert. Die Straße führt äußerst steil abwärts zum Fischerstrand von **Pod Beli** mit der kleinen Campinganlage. Die Klippen bieten vor allem dem *Gänsegeier* Lebensraum, der auf Cres häufig über den Köpfen segelt. Er ist einer der größten Vögel überhaupt, kann 7–8 kg schwer werden und die Spannweite seiner Flügel misst fast 3 m. Das *Eko-Centar Caput Insulae* (geöffnet Juli/Aug.) informiert über diese geschützte Aasfresser-Kolonie – und auch über die *Delphine* im Kvarnerić.

Stadt Cres

Dem Hauptort der Insel nähert man sich zwischen ausgedehnten *masiere*, den für Cres typischen, durch Trockenmauern unterteilten Terrassengärten, und grauglitzernden Olivenhainen. Die entzückende Altstadt von Cres – ab 1459 Sitz der ›conti e capitani‹ (Fürsten und Kapitäne)

Die Fassade des Doms ›Maria Schnee‹ in Cres mit ihrem schönen Portal (15./16. Jh.)

mit dem feuerspeienden Drachen im Stadtwappen – schmiegt sich in die von hohen Inselflanken gegen die Bora geschützte Südbucht. Sie wird heute von einer Ringstraße, der Allee **Nazagrad**, umgürtet. Von dem einst mächtigen Mauerring zeugen das **Landtor** Gracka vrata (Marcella-Tor), das **Südtor** Mala vrata (Porta Bragadina), das dem hl. Nikolaus geweihte **Westtor** und der frei stehende zylindrische **Wehrturm**. Südöstlich der Altstadt findet man die Werft und den supermodernen Jachthafen, westlich davon die Neubauten und am Rt Kovačine die schönsten Badestrände.

Eine der Attraktionen im Stadtmuseum von Cres sind diese römischen Amphoren

Großer Beliebtheit erfreut sich der mit bunten Booten bestückte alte Hafen **Mandrač**, der sich weit zum Meer hin öffnet. Er ist gesäumt von schmucken pastellfarbenen Häuserzeilen, hübschen Eiscafés und Restaurants. An den Vormittagen verkaufen Bäuerinnen vor der Loggia ihre Produkte, Olivenöl, Honig oder Gemüse. Reizvoller Blickfang ist hier das im Renaissance-Stil gehaltene **Haupttor** im Uhrturm von 1552. Den dazugehörigen Markuslöwen ließ Napoleon 1797 im Meer versenken. Gleich hinter dem Tor steht der im 15./16. Jh. errichtete Dom **Maria Schnee** (Sv. Marija Snježna) mit Campanile (18. Jh.). Überaus schön ist das Portal. Seine Lünette zeigt die Muttergottes mit Kind sowie Maria und den Erzengel Gabriel aus der Verkündigungsszene. Den harmonischen, durch Renaissancearkaden geteilten Innenraum schmücken Seitenaltäre aus dem 17./18. Jh. Das Hauptaltarbild mit der ›Legende vom sommerlichen Schnee‹ von Cosroe Dusis ersetzt das zerstörte Gemälde gleichen Inhalts von Andrea Vicentino. Die in Tempera auf Holz gemalte ›Schutzmantelmadonna‹ (15. Jh.) stammt von Alvise Vivarini.

Im vorwiegend gotischen Gassengewirr östlich des Doms erhebt sich das älteste Gotteshaus der Stadt, die romanische **Isidor-Kirche** aus dem 12. Jh. Die große spätgotische Skulptur auf dem Hauptaltar (15. Jh.) stellt den Stadtpatron Isidor dar.

Hinter dem gelben Fontego (Hotel Cres) stößt man auf die ansehnlichen Renaissancepalazzi der Familien Rodini und Moiseé. Der spätgotische Arsan-Petris-Palast (15. Jh.), der zurzeit renoviert wird, beherbergt das **Stadtmuseum** (tgl. 9–11 und 19–22 Uhr). Highlights sind hier Amphoren, die von einem im 2. Jh. am Kap Pernat gesunkenen Schiff stammen. Die Sammlung im ersten Stock zeigt u. a. ethnographische Funde von Cres und Lošinj. In diesem Palast stand auch die Wiege des berühmten Philosophen und Reformators *Franjo Petris* (1529–1597; Franciscus Patritus), der

Bildschönes Zentrum der Stadt Cres – der Bootskanal Mandrač mit seinen weißen Booten und den pastellfarbenen Häusern

Herrliche Schnitzarbeit – Detailstudie des Chorgestühls der Franziskanerkirche von Cres aus dem 15. Jh.

die *Prophezeiungen des Zarathustra* und *Hermes Trismegist* aus dem Griechischen ins Lateinische übertrug.

Am Ufer entlang, auf dem Weg zum Jachthafen, kommt man am **Franziskanerkloster** und an dem strenger Klausur unterliegenden **Benediktinerinnenkloster** (15. Jh.) vorbei. Hübsche Blickfänge am Glockenturm (18. Jh.) der **Franziskanerkirche** (14. Jh.) sind die steinernen Gesichter. Jene mürrischen an der Süd- und Westseite vertreten die ungemütlichen Winde *široko* und *grbin*, die freundlichen an der Nord- und Ostseite die auffrischenden Winde *tramuntana* und *bora*. Im Inneren des Gotteshauses ist vor allem das kunstvoll geschnitzte Chorgestühl (15. Jh.) bemerkenswert. Das kleine **Museum** zeigt alte liturgische Bücher, kroatische Wiegendrucke aus Senj, ein glagolitisches Missale von 1494 sowie Gemälde und Skulpturen aus dem 15.–18. Jh. Übrigens: im Kloster kann übernachtet werden.

Inselmitte

Eine im Kiefernwald westlich oberhalb der Stadt Cres von der Inselroute abzweigende Straße führt ins zauberhaft am bewaldeten Südufer des Creski zaliv gelegene kleine Fischerdorf **Valun** am azurblauen Meer. In der *Markus-Laubenkirche* auf dem Friedhof von *Bučev*, dem

Die Fischer von Cres liefern Tafelfreuden für Einheimische und Touristen

Urdorf von Valun an der Abzweigung nach Lubenice, trifft sich die einheimische Bevölkerung am Allerseelentag nach der Messe zum Liebesmahl – analog zu den altchristlichen Agapen. Hier wurde 1907 auch die *Valunska ploča* entdeckt, die zweisprachige, in runder Glagoliza und mittelalterlichem Latein verfasste Tafel von Valun (11. Jh.) – nach der Baščanska ploča das zweitwichtigste glagolitische Schriftstück Kroatiens. Bewundern kann man es heute in der *Marienkirche* von Valun.

Vom Parkplatz hinab geht es durch verwinkelte Steilgassen zum kleinen Hafen **Mulić** mit seinen gemütlichen Gaststätten, vor denen oft große Hochseejachten ankern, und dem Zeltplatz mit

In mediterranes Grün gebettet ist das kleine Fischerdorf Valun

guten Bademöglichkeiten am Kiesstrand. Ein Tip für Kulturinteressierte ist die Terrasse der *Konoba Toš Juna* mit ihrem Lapidarium, in dem man Kopien der bedeutendsten glagolitischen Denkmäler bewundern kann [s. S. 72].

Ein abenteuerlicher, aber landschaftlich einzigartiger Weg zwischen Steinmauern und immergrüner Macchia windet sich nach **Lubenice** mit seinem uralten ovalen Gesicht. Hinreißend ist der Blick vom 378 m hohen Felsplateau hinunter auf die Bucht Luka und weit über die Adria. Auch die sommerlichen Musikabende in dem Ort ziehen Ausflügler und Besucher an. Die Ruinen der romanischen *Trinitätskirche*, die gotische *Antoniuskirche* aus dem 15. Jh., der wettergegerbte *Campanile* von 1791, die *Loggia* und eine *Konoba* zählen zu den Sehenswürdigkeiten von Lubenice. Zwei kopfsteingepflasterte Gassen mit kleinen Haustüren, engen Durchgängen, Regenzisternen und originellen Kaminen bestimmen das malerische Ortsbild. Ein Serpentinenpfad führt hinab zum Badestrand von Luka. Etwas weiter südlich liegt in der Bucht Zanja die imposante ›Blaue Grotte‹ von Cres.

Orlec, der über eine Karstdoline verstreute, von Familien vom Festland im 16. Jh. gegründete Ort, ist ein Schafzuchtzentrum und streng geschütztes Gänsegeierrevier. Seine Attraktion ist die *Antoniuskirche* mit dem barocken Marmor-Hauptaltar und dem Rosenkranzmadonna-Seitenaltar. Die Wandbilder malte der Slowene Tone Kralj 1957–58. Auf der ›Anbetung der Heiligen Drei Könige‹ sind Orlecer Bürger in ihrer festlichen Tracht dargestellt.

In der Nähe des Dorfes **Vrana** eröffnet sich rechter Hand inmitten der unwegsamen Landschaft ein überraschender Blick auf den tiefblauen 6 km² großen und über 61,5 m tiefen **Vransko jezero** (Vraner See), einen Süßwassersee, der seit 1953 die Inseln Cres und Lošinj mit Trinkwasser versorgt.

Die hinter der einsamen Petruskapelle von der Hauptroute rechts abbiegende Straße führt über den weiten Steintrift an die Südküste, zu den schönsten **Badestränden** von Cres: in die kleine Kiesbucht Maraščica unterhalb von **Štivan** und in die lebhafte Ferienapartment-Siedlung **Miholašćica.**

Das stille Fischerrefugium **Martinšćica** mit seinen ca. 200 Einwohnern ist

Auch wenn das Blau ungeheuer einladend ist, baden darf man leider nicht im Trinkwasserreservoir Vransko jezero

dank des Tourismus zugleich zweitgrößte Ansiedlung auf Cres. Campingplätze findet man in den nahe gelegenen smaragdfarbenen Buchten *Tiha* und *Slatina*. Das Hauptaltarbild ›Hll. Hieronymus, Franziskus und Antonius von Padua‹ in der nahen *Hieronymuskirche* malte 1636 der venezianische Maler flämischer Herkunft Baldassare d'Anna. Zum *Sforza-Landsitz* (17. Jh.) nahe dem Franziskanerkloster mit seinen hübschen Arkaden gehört heute das Restaurant Kaštel. Hier kann man es sich bei Fisch und Wein richtig gutgehen lassen. Und vom 280 m hoch gelegenen Dorf **Vidovići** sollte man die herrliche Sicht weit über die Bucht genießen oder eine Wanderung nach Lubenice [s. S. 108] unternehmen.

Im Süden

Die Steinwüste südlich von Belej, von der die Senjer Bora längst alle Erde fortgeblasen hat, mit der Anhöhe Bura heißt seit Menschengedenken ›Arabia petrea‹, ›steiniges Arabien‹.

Die vor Osor östlich abbiegende Straße führt auf das kaum besiedelte, sehr weitläufige und zerklüftete Südende von Cres – ein Paradies für Camper, Bootsurlauber und FKK-Fans. **Punta Križa**, ein Streudorf inmitten antiker Reste, alter Hirtenhäuser, Kirchen und Ruinen von Kirchen, eine davon dem byzantinischen Heiligen Platon geweiht, ist hier in dieser Region der einzige Ort.

Unbedingt einen Besuch wert ist das uralte Insel- und Seefahrtszentrum **Osor** auf der flachen Landenge Kavada, wo sich Lošinj und Cres über eine Brücke berühren. Ein schmaler Kanal ermöglicht den Booten die Durchfahrt. Einst zahlten hier die Handelsschiffe Tribut, die auf dem Seeweg von Aquileia nach Salona hier vorbeikamen und mit Rollen über Land gezogen werden mussten. Das antike Osor war ungeheuer reich und zählte unglaubliche 30 000 Einwohner. 814 brannten die Sarazenen Municipium Apsoros nieder.

Als im 15. Jh. die Küstenschifffahrt zugunsten des Segelns über das offene Meer eingestellt wurde, verlor Osor seine einstige große Bedeutung. Das venezianische Osero, viel kleiner als Apsoros, wurde durch Pest und Malaria im 16. Jh. stark dezimiert.

Den schmucken, an der Stelle des früheren Forums entstandenen Hauptplatz, mit Zisterne, Rathaus und Bischofspalast, dominiert heute neben dem hohen *Campanile* der mächtige *Mariendom* im Frührenaissance-Stil (15. Jh.). Während außen das kunstvoll gearbeitete Portal fasziniert, ziehen im schlichten Innenraum mit guter Akustik die Marmoraltäre und großen Gemälde die Blicke auf sich. Der Hauptaltar birgt die Reliquie des hl. Gaudentius, des Bischofs und Schutzpatrons von Osor.

Rechts neben der Kathedrale duckt sich die gotische *Gaudentiuskirche*. Sie besitzt Fresken aus dem 15. Jh. und als Altarbild eine Ansicht von Osor mit dem Stadtpatron (1868). Während das Lapidarium im Rathaus eine Kunstgewer-

Wo sich die Schwesterinseln Cres und Lošinj nahe kommen – Osor mit seiner mächtigen Marienkirche und dem alles überragenden Glockenturm

begalerie beherbergt, befindet sich im ersten Stock das *Museum* (im Sommer tgl. 9–11 und 18–21 Uhr) mit einer archäologischen Sammlung.

Osor ist seit Jahren ein beliebter Kulturtreff. In den Gassen stehen zahlreiche Bronzestatuen musizierender Frauen und Männer. Sie stammen von bedeutenden kroatischen Bildhauern wie Ivan Meštrović und sollen daran erinnern, dass während der Sommermonate ausgezeichnete klassische Konzerte in der Marienkirche stattfinden.

Ode an die Musik – dieser steinerne Flötist scheint zu den sommerlichen Konzertveranstaltungen in Osor einzuladen

Praktische Hinweise

Tel.-Vorwahl Kvarner: 0 51

Information: Turistička zajednica Cres, Conz 4, Tel./Fax 57 15 35

Hotels

** **Kimen**, Cres, Tel. 57 11 61, Fax 57 14 14. Das einzige Ferienhotel auf der Insel verfügt über einen Felstrand und gute Wassersportmöglichkeiten.

* **Cres**, Cres, Tel./Fax 57 11 08. Altes, einfaches Hafenhotel; eher für kürzere Aufenthalte geeignet.

Camping

Camping Slatina, Martinščica, Tel. 57 41 27, Fax 57 41 67. Große Anlage, deren Attraktion die herrlich weißen, von Pinien gesäumten Kiesstrände am smaragdgrünen Wasser sind. FKK-Bereich.

Restaurants

Buffet Lubenice, Lubenice. Terrasse mit Landschaftsgenuss, *pršut* und ortstypischen Lammgerichten.

Bon gusto, Cres. Kleines Lokal mit Tischen in der Gasse. Pizza, Gemüse und Fleisch vom Holzofen.

Buffet Osor, Osor, Tel. 23 71 67. Im schattigen Garten werden Pizza, Spaghetti und Fisch serviert.

Gostionica Bukaleta, Loznati, Tel. 48 11 20. Hier serviert man Lammgerichte à la Cres, selbst gebackenes Brot und gute Hausweine.

Konoba Beli, Beli. In angenehmer Atmosphäre kann man Köstlichkeiten der Insel wie Käse oder *pršut* und hausgemachte Schnäpse probieren.

Toš Juna, Valun, Tel. 53 50 50. Dieses in einer alten Ölmühle untergebrachte Lokal sollte auch wegen seiner Glagolizaterrasse [s. S. 72] aufgesucht werden. Umfangreiche Speisekarte!

42 Insel Lošinj

Blumen- und pinienreiches Naturparadies und viel Trubel im Sommer.

TOP TIPP Der beherrschende Bergzug **Osorščica** – er kann übrigens mit dem schönsten Wanderweg der Kvarner Inseln (Osor–Nerezine, 4,5 Std.) aufwarten – baut sich gleich an der Osorer Brücke im himmelragenden Gipfel **Televrin** (588 m) auf und lässt bis Mali Lošinj keinen größeren Ort zu. Die **Hauptroute** über die Insel verläuft zunächst am Ostufer, führt dann ab Nerezine in Schwindel erregende Höhe zum Veli Križ, später in die Mali Lošinjer Hafenbucht und endet im zweitgrößten Inselort, dem hübschen Veli Lošinj.

Nerezine, das im 14. Jh. am Ausläufer einer steilen Bergwand gegründete hübsche Bauerndorf mit Jachthafen und Campingplatz, liegt inmitten von Obstgärten und fruchtbaren Feldern. Wahrzeichen des Ortes ist das *Franziskanerkloster* mit seinem Renaissance-Kirchturm am Meer. Es handelt sich um eine Stiftung des Osorer Großgrundbesitzers Kolane Draža aus dem 16. Jh. und war gedacht als Zufluchtsort für seine Familie in gefährlichen Zeiten. Kostbarkeiten der Kirche sind das Hauptaltarbild ›Hl. Franziskus im Gebet‹ und die venezianische ›Madonna mit Kind und Blume‹ (15. Jh.) auf dem Seitenaltar – beides Werke unbekannter Meister. Auf dem *Dorfplatz*

Eines der Gesichter von Mali Lošinj – Hafenidyll mit Früchteboot

am Hafen – heute ein beliebter Touristentreff – erhebt sich die turmlose *Marienkirche* (Ende 19. Jh.). An ihr und der kleinen *Werft* vorbei, wo Holzboote noch auf traditionelle Weise gebaut werden, findet man am Pinienufer von *Bučanje*, südlich der Feriensiedlung, die schönsten *Badeplätze*.

Mali Lošinj

Das um die geschlossene, arenaartige Hafenbucht **Baldagušt** entstandene Mali Lošinj, mit 7000 Einwohnern die größte Ansiedlung der Kvarner Inseln, umfährt man von der Drehbrücke durch den neuen Stadtteil auf dem Osthang und kommt zur Hauptkreuzung **Kročata**, wo der große Parkplatz liegt.

Das von kroatischen Bauernfamilien im 12. Jh. gegründete Malo selo (Kleines Dorf) findet man unterhalb der Kročata am Ostufer in der **Martinsbucht**, wo die häufig umgebaute Martinskirche (14./15. Jh.) auf dem Friedhof steht.

Über die Mariengasse erreicht man von der Kročata die barocke Pfarrkirche **Mariae Geburt** (1696–1757). Der große Vorplatz bietet nicht nur einen schönen Hafenblick, sondern hatte bis ins 19. Jh. hinein auch eine wichtige Funktion als Versammlungsort für die Bevölkerung. Im dreischiffigen Innenraum ziehen der bühnenartige Chorraum, der intarsiengeschmückte marmorne Hauptaltar, der die Reliquien des hl. Romulus birgt, und die ›Geburt Mariae‹ von Alvise Vivarini die Blicke auf sich. Das Marmorkreuz auf dem Heilig-Kreuz-Altar schuf Bartolomeo Ferrari. Auf dem zweiten Altar im linken Seitenschiff sind die Schutzpatrone der Kvarner Inseln, Gaudentius, Quirin, Christophorus und Martin, versammelt. Der ›Kreuzweg‹ ist eine Kopie des Gemäldes von Domenico Tiepolo in San Polo, Venedig. Die Gottesdienste werden begleitet von den herrlichen Klängen einer Orgel des venezianischen Orgelbauers Gaetano Callido.

Enge, mit Bougainvilleen geschmückte Treppengassen senken sich vom Osthang zur hübsch trubeligen **Kapitänsriva**. Hier ist die Anlegestelle für Ausflugs- und Passagierschiffe, hier ankern die nobelsten Jachten, hier trinkt man Espresso, genießt Eis in Cafés unter Palmen, speist abends in einem Fischrestaurant, flaniert zum Jachthafen und über den herrlichen **Trg** am Buchtende, den allabendlichen Treffpunkt zu Folkloreveranstaltungen oder Konzerten. An der Straße vom Trg zur Kročata liegt die besuchenswerte **Markthalle**.

Malerisch eingebettet in eine tiefe Bucht präsentiert sich Mali Lošinj

Auch am Südkai **Priko**, mit Jachtenmolen und anregenden Ausblicken zur Riva, reiht sich ein Lokal an das andere. An seinem Ende führt ein barocker Kalvarienweg (1752) zum ›Golgathakreuz‹ und der kleinen Kapelle im duftenden Pinienwald von **Čikat**. Nachdem der Lošinjer Ambrož Haračić Ende des 19. Jh. die ersten 300 000 Pinien an diesem Ort pflanzen ließ, begannen k.u.k.-Adelige inmitten der subtropischen Parks an der großen Čikat-Bucht ihre schicken *Luxusvillen* zu bauen. Am Rt Anuncijata mit Leuchtturm ist die tempelartige Votivkirche **Mariä Verkündigung** von 1858 sehenswert, die neben einem älteren Gotteshaus steht. Die hinreißendsten *Badebuchten* von Čikat, die Gold-, Silber- und vor allem die **Sonnenbucht** mit FKK-Felsenstrand, verbindet der lange, bei Schwimmern, Spaziergängern, Bikern und Romantikern gleichermaßen beliebte **Lungomare** von Čikat ins 4 km entfernte Veli Lošinj.

TOP TIPP

Veli Lošinj

Wie Mali Lošinj sah auch dieser Ort seine glanzvolle Phase während der Epoche der Segelschifffahrt im 18./19. Jh. Um

Die stattlichen Häuser an der Kapitänsriva zeugen von der glanzvollen Vergangenheit des alten Seefahrerhafens Mali Lošinj im 18./19. Jh.

einen ersten Eindruck von dem bildschönen, im Sommer äußerst lebhaften Hafenstädtchen zu gewinnen, sollte man sich zu einem Rundgang durch und um Veli Lošinj aufmachen. Verzaubert wird man dann sein von der mediterranen Pflanzenpracht, von den Magnolien, den Palmen und Bougainvilleen.

TOP TIPP Ein wahrer Kunsttempel ist die **Antoniuskirche** am Hafen mit ihrem Glockenturm von 1774. Sie birgt die kostbarste Sakralsammlung der Kvarner Inseln, die auf Stiftungen wohlhabender Lošinjer Kapitäne und Kaufleute zurückgeht. Besonders Kapitän Gaspar Craglietto brachte im 18/19. Jh. zahlreiche Kunstwerke aus Venedig mit. Die sieben schönen Barockaltäre mit den Einlegearbeiten stammen allesamt aus venezianischen Kirchen. Und auch die 30 Gemälde an den Wänden hatten einst ihren Platz in der Serenissima. Wertvollstes Bild ist die ›Muttergottes mit Kind und Heiligen‹ (1475) von Bartolomeo Vivarini. Besonders hübsch ist die hl. Katharina. Die Leinwand ›Schmerzensreiche Muttergottes‹ im Altarraum ist eine Tizian-Kopie. Auf der 1809 von Francesco Hayez gemalten ›Anbetung der Heiligen drei Könige‹ am Josephsaltar ist vorne rechts der Stifter Gaspar Craglietto als König Kaspar abgebildet. Die ›Audienz der venezianischen Gesandten bei Papst Pius V.‹ aus dem 16. Jh. gleich rechts vom Eingang wird dem Tizian-Kreis zugerechnet. Die Deckenbilder zeigen u. a. das ›Martyrium des hl. Laurentius‹, die ›Heilige Dreifaltigkeit‹ und den ›Hl. Antonius in der Wüste‹.

Der zylindrische **Wehrturm** am eng umbauten Bootshafen mit dem hübschen Platz stammt aus dem 16. Jh. Über die östlich ansteigende Hauptgasse, vorbei an prächtigen Kapitänsvillen, kommt

Bemerkenswerter Kunsttempel – die Antoniuskirche in Veli Lošinj birgt zahlreiche Meisterwerke venezianischer Herkunft ...

man hinauf zur Kirche **Maria von den Engeln**. Eindrucksvoll sind in ihrem Innern acht ovale Bilder aus dem 18. Jh., die Szenen aus dem Alten und dem Neuen Testament zeigen.

Das Krankenhaus für Allergien, Hautleiden und Atemwegserkrankungen im nahen Waldpark war einst das Traumschloss **Seewarte** des Erzherzogs Karl

... darunter das kostbare Altarbild ›Muttergottes mit Kind und Heiligen‹ von Bartolomeo Vivarini (1475)

Stephan. Am höchsten Punkt über Veli Lošinj, noch oberhalb der von Trockenmauern umgebenen dürftigen Bauernhäuser des einstigen Velo selo, liegt die um 1400 entstandene Kirche **Sv. Nikola**.

Wandern auf Südlošinj

Das sanft gewellte Südende der Insel Lošinj um die Orte Mali Lošinj und Veli Lošinj erschließt man sich am besten zu Fuß. Lange Uferwege mit unzähligen Bademöglichkeiten, verschlungene Wald- und Macchiawege sowie schmale Esel- und Ziegenpfade durchziehen diese so mediterrane Landschaft.

Eine der schönsten und längsten Wanderungen am Meer entlang kann man an der Ostküste Südlošinjs unternehmen: Von der **Kročata** [s. S. 111] in Mali Lošinj steigt man zur Bucht Valdarke ab und geht dann auf dem 4 km langen herrlichen **Uferweg** nach Veli Lošinj. An der felsigen Badeanstalt von Veli Lošinj vorbei kommt man nach etwa 1,5 Std. zu dem auch bei Skippern sehr beliebten Fischerort **Rovenska** mit guten Restaurants, Kiesstrand und Hafenmole. In die im Osten Südlošinjs gelegene Badebucht **Jamna** sind es von Rovenska am Meer entlang weitere 5 km. Auf einem schmalen Pfad kommt man dann schnell von Jamna zur Kirche **Sv. Nikola** am Hang

Romantische Kulisse – eine angenehme Atmosphäre bietet der eng umbaute Bootshafen von Veli Lošinj mit dem hübschen Platz auch in den Abendstunden

oberhalb von Veli Lošinj. Durch den Ort geht man dann auf gleichem Weg zurück nach Mali Lošinj (insgesamt etwa 20 km).

Der ›**Fußweg nach Ilovik**‹ genannte Pfad von Sv. Nikola quer durch eine wunderbar duftende Macchiagegend am einsamen Aussichtspunkt (Bonič-Haus) vorbei endet nach 1,5–2 Std. am **Kap Kornu**. An klaren Tagen kann man von hier aus in der Ferne nicht nur die kleinen Eilande Sv. Petar und Ilovik sondern auch die Inseln Norddalmatiens sichten.

Der einstige **Kreuzweg** vom Krankenhaus in Veli Lošinj führt durch den Wald hinauf zur Kirche **Sv. Ivan auf Kalvarija** (40 Min., 231 m) mit herrlichem Blick auf Veli Lošinj. Von der Weggabelung, die man vorher passiert, erreicht man in ca. 30 Min. die schöne Bucht **Krivica** an der Südküste, oder man wandert auf dem oben beschriebenen Pfad auf das **Kap Kornu** (2 Std.).

Auch der **Querwanderweg** von der Kročata entlang dem **Umpiljak** (173 m) mit einer Burgruine führt zum Kap Kornu (2,5–3 Std.). An der ersten Abzweigung zur Kirche Sv. Ivan gelangt man nach Veli Lošinj oder zur Bucht Krivica. Biegt man gleich hinter Umpiljak rechts auf den Weg durch die Olivenhaine und entlang der Trockenmauern südlich ein, so kommt man oberhalb der Buchten Porto Šešula und Sunčana uvala auf den Lungomare von Čikat und von dort zurück nach Mali Lošinj (4 Std.).

Praktische Hinweise

Tel.-Vorwahl Kvarner: 051

Information: Turistička zajednica Mali Lošinj, Riva, Tel./Fax 23 15 47; Nerezine, Tel./Fax 23 70 38, Internet: www.tz-malilosinj.hr

Hotels

*** **Aurora**, Čikat, Tel. 23 13 24, Fax 23 15 42. Guten Badehotelstandard und das Spezialitätenrestaurant Veli žal bietet diese großzügige Anlage am Felsstrand nahe der Sonnenbucht.

*** **Bellevue**, Čikat, Tel. 23 12 22, Fax 23 12 68. Der Tipp für Sportfreaks ist die kleine Anlage im dichten Pinienwald mit Sonnenbuchten.

TOP TIPP *** **Grbica Residence**, Veli Lošinj, Tel. 23 61 86. Neues Komforthotel, im Garten laden Pool und Tennisplätze zu sportlicher Bewegung ein. Das angegliederte Restaurant serviert neapolitanische Speisen.

*** **Punta**, Veli Lošinj, Tel. 66 20 00, Fax 23 63 01. *Das* Badehotel auf den

Ein riesiger schilfrohrbedeckter Sandhügel im Meer – das ist die Insel Susak ▷

Klippen vor Veli mit Restaurant und Tennisanlage.

**** Pjacal**, Veli Lošinj, Tel. 23 62 44. Nette, einfache Frühstückspension unter deutscher Leitung, 50 m vom Hafen.

**** Saturn**, Veli Lošinj, Tel./Fax 23 61 02. Nettes preiswertes Haus direkt am quirligen Hafen. Gute Küche.

**** Villa Alhambra**, Čikat, Tel. 23 20 22, Fax 23 20 42. Schön in einem subtropischen Park gelegene Traumvilla in fröhlichem Adria-Jugendstil. Schlichte Einrichtung.

Camping

Čikat, Tel. 23 21 25, Fax 23 17 08. Die großzügige Anlage breitet sich in einem Pinienwald und an herrlichen Badebuchten aus.

Restaurants

Artatore, Artatore, Tel. 23 29 32. Inmitten mediterraner Gärten in dem Ferienort westlich von Mali Lošinj kommt beste Inselküche auf den Tisch.

Baracuda, Mali Lošinj, Priko. Üppig ist in diesem Skippertreff am Südkai die Auswahl an Fischgerichten und guten Weinen.

Hotel-Restaurant Kredo, Srebrna uvala, Tel./Fax 23 35 95. Ein Fischrestaurant mit angenehmer Atmosphäre an der ›Silberbucht‹.

Ribarska koliba und Marina, Veli Losinj. Traditionell gute Grill-Lokale am Hafenkai mit stets fangfrischem Fisch.

TOP TIPP **Sirius**, Rovenska, Tel. 23 63 99. Und noch eine Adresse für ausgezeichnete Fischküche in diesem winzigen Fischerort. Innen sitzt man in Original-Schiffsambiente, draußen idyllisch unter einer Palme.

Zakantuni, Mali Lošinj, Tel. 23 18 40. *Das* Fisch- und Grillrestaurant hinter der Riva.

43 Lošinjer Inseln

Autofreie Urlaubsparadiese für Wassersportler und Abenteurer.

Vor allem Sommerhausbesitzer und Skipper findet man auf diesen landschaftlich so schönen und ruhigen Inseln westlich und südöstlich von Lošinj. Im Sommer freilich verkehren von Mali Lošinj aus auch regelmäßig Linienschiffe dorthin. Ilovik und die Sandinsel Susak werden als Ziele organisierter Tagesausflüge angeboten.

Privatunterkünfte gibt es auch auf der Insel Unije, die sogar einen Landeplatz für kleine Flugzeuge besitzt und im Juli und August mit dem Schiff von Rijeka oder Cres erreichbar ist.

Das 17 km² große Eiland **Unije** ist teils durch dichte Macchia- und Eichenwälder geprägt, teils durch steppenartige und stark zerklüftete Regionen. Das hübsche *Dorf Unije* an der Westküste (80 Einw.) überrascht den Besucher mit z. T. knallbunten, einheitlich – meist einstöckig – errichteten Häusern aus dem 19. Jh. Sie wurden so gebaut, dass keines das andere verdecke und ihm den Blick aufs Meer versperre, und stehen zumeist inmitten von prachtvollen Gemüse- und Blumengärten. Beim *›Inselwirt‹* am Kai gibt es stets die frischesten Fischgerichte. Wer Lust hat, kann am flachen *Kiesstrand* Badefreuden frönen.

Zahlreiche, teils unwegsame Pfade führen in entlegene, völlig einsame Buchten, an die Ostküste, zum Südkap und Ostkap und zum entfernten Nordkap. Vom höchsten Punkt am Ostkap, dem

Hügel Kalk (132 m), blickt man auf die schroffen Schwesterinseln Srakane.

Susak, die einzige *Sandinsel* der kroatischen Adria (3,75 km², 188 Einw.) mit goldgelben Stränden, die vor allem auch wegen ihres vorzüglichen Weins gerühmt wird, ist ein geomorphologisches Phänomen. Die vom Schiff aus wie ein riesiger Walrücken aussehende Insel ist im Grunde eine Kalkplatte, auf der bis 98 m hoch verdichtete Sandschichten liegen. Aufgrund ihrer isolierten Lage sprechen die Susaker noch eine ganz besondere alte *Sprache* – und Amerikanisch. Weil die einheimischen Männer nicht genügend Auskommen als Matrosen und Fischer fanden, wanderten viele Familien nach Amerika aus; im New Yorker Stadtteil Hobackan waren sie in den 30er-Jahren des 20. Jh. in der Mehrzahl. Ihre Nachkommen besuchen heute die Insel. Die Susaker haben außerdem ihre ganz besondere *Tracht*. Dazu gehören minikurze Röcke, die auch von älteren Frauen getragen werden.

Am Schiffsanleger in der Bucht Dragoča findet man *Donje selo*, das kleine Zentrum der Insel mit Restaurant, Bar und Supermarkt. Durch Gassen und einen Hohlweg gehts zum *Gornje selo* am Hang. Im Atrium einer Benediktinerabtei aus dem 11. Jh. steht die oft umgebaute *Mihovil-Kirche* (15. Jh.). Das romanische Holzkreuz ›Veli Bouh‹ (= Großer Gott!) aus dem 12. Jh. trägt seinen Namen, weil es nach einer Restaurierung angeblich nicht mehr durch die Kirchentür passte.

Die meisten Ausflügler von Lošinji besuchen die südlichste Kvarner Insel, **Ilovik** (6 km², 170 Einw.). Der lange, windstille Kanal zwischen Ilovik und seiner Friedhofsinsel Sv. Petar ist ein beliebter Skippertreff, die Konobas Rozmari und Oliva sind wegen ihrer köstlichen Fischgerichte und dem Inselkäse immer gut besucht. Der *Ort Ilovik* wurde vor 200 Jahren von Lošinjer Bauern gegründet. Aufgrund seiner wunderschönen Gärten und der buntberankten Gassen wurde Ilovik zur *Blumeninsel* gekürt. Wahrlich gefangen ist man vom betörenden Duft der Stockmalven, Rosen, Hortensien, Rosmarin- und Oleanderbüsche sowie natürlich der Orangen- und Zitronenbäume. Rund um Ilovik gibt es überall gute Bademöglichkeiten.

TOP TIPP

Ihre letzte Ruhestätte finden die Iloviker seit Menschengedenken auf der benachbarten Friedhofsinsel **Sv. Petar**. Der Gottesacker ist umgeben von Mauerfragmenten der alten Benediktinerabtei Sancti Petri de Nembis aus dem 11. Jh.

Sandstrand ohne Grenzen gibt es auf der Insel Rab, wie hier das ›Paradiso‹ an der Bucht Crnika bei Lopar ▷

Praktische Hinweise

Tel.-Vorwahl Kvarner: 051

Restaurants

Barbara, Susak, Tel. 239128. Kleine gemütliche Konoba am Kirchplatz im oberen Dorf.

Oliva, Ilovik, Tel. 235720. Das Gassenlokal verwöhnt mit Inselkäse, Oliven, selbst gebackenem Brot, Fischgerichten und Grappa.

Rozmari, Ilovik, Tel. 235959. Spezialität dieses Gartenlokals mit Meerblick ist das Meeresfrüchte-Risotto.

44 Insel Rab

Kilometerlange goldene Feinsandstrände versprechen höchste Urlaubswonnen.

Rab (94 km^2, 9500 Einw.), eine der meistbesuchten Urlaubsinseln, wird wegen ihrer **bizarren Form** gern mit einem Hummer verglichen. Das Eiland präsentiert sich zum Festland hin äußerst hart, kahl und unwirtlich. Doch gerade der 400 m hohe Felszug **Kamenjak** wirkt als Barriere gegen die kalten Bora-Böen vom Velebit-Gebirge und ist ein Segen für die üppig grüne **Südküste** am Barbatski kanal, wo auch die Stadt Rab liegt. Frühlinghafte Winter und trockenheiße Sommer sind der Dank. Die wie zwei Hummerscheren angeordneten Halbinseln – das waldreiche **Kalifront** im Südwesten und das sandige Strandparadies **Lopar** im Norden – könnten wahrlich nicht kontrastreicher sein. Sanfte Hügel zwischen den Buchten Kamporska draga und Supetarska draga und das lange Tal von Mundanije mit seinen reichen landwirtschaftlichen Erträgen ermöglichen der Insel weitgehende Autonomie vom Festland. Die 22 km lange **Hauptroute** verbindet beide **Fährhäfen**, Lopar im Norden und Mišnjak im Osten, mit dem Hauptort Rab. Im Juli und August herrscht auf der Insel großer Besucherandrang.

Geschichte Seit der späten Bronzezeit war Rab ein wichtiger Stützpunkt der **Liburner**, ab dem Altertum dann für die **phönizischen Bernsteinfahrer**. Ab 400 v. Chr. war die Insel **griechisch** und seit 360 v. Chr. unter dem Namen Neoparis bekannt. Im 2. Jh. v. Chr. richteten die **Römer** auf Rab Stützpunkte für ihre Adriaflotte ein, und in augusteischer Zeit war ›Felix Arba‹, die Stadt Rab, ein befestigtes Municipium mit zahlreichen Tempeln und Thermen.

Zur Zeit der Völkerwanderung bis ins 9. Jh. stand Rab dann unter **byzantinischer Herrschaft**, wurde im 6. Jh. Bischofsstadt und um 800 von Kroaten besiedelt. Vom 9. bis 15. Jh. konnte die Insel ihre Autonomie im **Kroatisch-ungarischen Königreich** behaupten, und die Stadt Rab erlebte vom 12. bis 14. Jh. ihre Blütezeit.

Während der Kreuzzüge ließen sich die **Benediktiner** auf Rab nieder, und es entstanden bedeutende sakrale Bauwerke. 1409–1797 hatten die **Venezianer** auf der Insel das Sagen. Eine verheerende **Pestepidemie** führte 1456 zur völligen Verödung der alten Stadt Rab, die am Kap Kaldanac liegt. Die neue, heute so herrliche Renaissance-Stadt erbaute man unmittelbar danach auf der Landzunge.

Von 1813 bis 1918 gehörte Rab zum habsburgischen Königreich **Dalmatien**. 1920 war die zweijährige **italienische**

Besatzung beendet, die Insel fiel an das jugoslawische Königreich. Traurige Berühmtheit erlangte **Kampor** in den Jahren 1941 bis 1943 als Konzentrationslager, in dem 4500 Internierte den Tod fanden; heute ist dort eine Gedenkstätte. Unter **Tito** gab es auf den Felsinseln Goli und Sv. Grgur vor Lopar jugoslawische Staatsgefängnisse.

Hält die Erinnerung an dunkle Zeiten wach – die KZ-Gedenkstätte in Kampor auf Rab

Reiselust auf Rab weckte 1774 der venezianische Weltenbummler **Alberto Fortis** mit seinem Bericht ›Viaggio in Dalmazia‹. Mit der Einrichtung von Dampfschifffahrtslinien des österreichischen ›Loyd‹ von Triest aus setzte dann ab 1853 allmählich der **Fremdenverkehr** ein. Vor 100 Jahren wurde die Stadt Rab zum Seebad und Kurort erklärt und der schöne Park Komrčar aufgeforstet. Die ersten Hotels eröffneten Anfang des 20. Jh. ihre Pforten, die meisten jedoch erst in den 70er-Jahren des 20. Jh.

Inselrundfahrt

Die meisten Urlauber wohnen in den zahlreichen modernen Privatunterkünften mit Apartments oder Gästezimmern, in Pensionen oder Ferienhäusern mit Garten – und häufig direkt am Meer.

Die rostbraune Steinwüste um den Fährhafen Mišnjak geht unmittelbar in die fruchtbare Gartenlandschaft von Barbat und Banjol über. Der 8 km lange **Barbatski kanal**, ein gutes Segel-, Surf- und Wasserskiparadies, wird von der unbewohnten Insel Dolin flankiert. Die schönsten *Sandstrände* finden sich hier bei **Pudarica,** dem inzwischen stillgelegten Fährhafen für die Insel Pag. **Barbat** ist

Das auf einer Landzunge sich ausbreitende Rab zählt zu den zauberhaftesten Städtchen an der gesamten Adria

ein geruhsamer Fischerort mit verträumten Jachtanlegeplätzen sowie beliebten Fisch- und Hummerrestaurants. **Banjol** grenzt an die drei beliebten Badestrände von Rab, Padova III, II und I. Auf dem Uferweg von Banjol nach Rab am Jachthafen vorbei hat man besonders am Abend einen herrlichen Blick auf die sich im Wasser spiegelnde ›Vier-Türme-Stadt‹ Rab auf der langen Landzunge.

Das Bauerndorf **Mundanije** am Fuß des Gipfels Straža (408 m, gute Fernsicht) beliefert den Markt in Rab täglich mit frischem Obst und Gemüse. Vor dem Talende bei Supetarska Draga erblickt man inmitten der Felder die älteste Kirche der Insel, die frühromanische **Petersbasilika** aus dem 11. Jh. mit ihrer 1299 gegossenen Glocke.

Zu dem beliebten Badeort und Jachthafen **Supetarska Draga**, beidseitig der lang gestreckten flachen Sandbucht gelegen, gehören die strandreiche Donja Draga und die sich an der Straße nach Lopar entlangziehende Gornja Draga.

TOP TIPP

Das heitere Sandstrandparadies **Lopar** erstreckt sich zwischen der Sandbucht Crnika im Osten und der Fährbucht Lopar im Westen. **Rajska plaža**, auch ›Paradiso‹ genannt, der seichte, pinien- und birkengesäumte, vielbesuchte Traumstrand mit Campingplatz, Hotel San Marino und dem Jachthafen Livačina breitet sich an der Crnika aus. An der bizarr zerklüfteten Nordküste am **Rapski kanal**, gegenüber den Felsklippen Grgur und Goli, verbergen sich die zu Fuß oder per Boot erreichbaren FKK-Sandbuchten Stolac, Sahara und Ciganka. **Kampor** schmiegt sich an die gleichnamige Bucht. Gute *Bademöglichkeiten* gibt es am Rt Kaštelina und an der Miral-Bucht. Im *Franziskanerkloster Euphemia* an der Euphemia-Bucht, erbaut 1458, befindet sich ein kleines Ethnologisches Museum mit Bibliothek (tgl. 9–12 und 15–19 Uhr). Sie birgt kostbare illuminierte Handschriften, Inkunabeln und Wiegendrucke aus dem 14./15. Jh. In der romanischen *Euphe-*

Wo immer man sich in Rab-Stadt aufhält – die großartigen Glockentürme sind allgegenwärtig

Das Schmuckstück der Kirche Sv. Bernardin in Kampor ist der Flügelaltar der Brüder Vivarini (1458)

miakirche (13. Jh.) zeigt man zahlreiche expressionistische Bilder des Autodidakten, dennoch sehr anerkannten Künstlers Fra Ambrosius Testen. Auch die farbenprächtigen Kreuzwegstationen in der im 16. Jh. teils barockisierten Klosterkirche *Sv. Bernardin* sind sein Werk. Den schönen Flügelaltar bemalten die Brüder Vivarini 1458. Ein wahres Juwel ist auch die herrliche gotische Kapelle.

Am Ende der Euphemia-Bucht biegt man links nach **Kalifront** ab, eine der schönsten Waldregionen im Mittelmeer, mit der Hotelanlage Suha Punta. Abgeschiedene Kies- und Sandstrände sowie Felsbuchten am türkisblauen Wasser säumen die mit Föhren und Steineichen bestandene Halbinsel. Kalifronts Ostspitze *Frkanj* ist das bevorzugte Ziel der Barkenschiffer von Rab, der *barkarioli*. Für die gepflegte FKK-Badebucht **Kandarola** an der Südküste wird eine Strandgebühr erhoben. **Matovica** ist eine kleine Sandbucht in der Nähe der Hotels. Auf verschlungenen Pfaden kann man durch den herrlich duftenden **Dundo-Wald** spazieren, der von der endemischen Eichenart *crnika* geprägt ist.

Stadt Rab

Rab ist eine der malerischsten Adriastädte. Auf der vom Hafenbecken zur Badebucht Sv. Eufemija ansteigenden Landzunge errichtet, ist Rab auf der Landseite

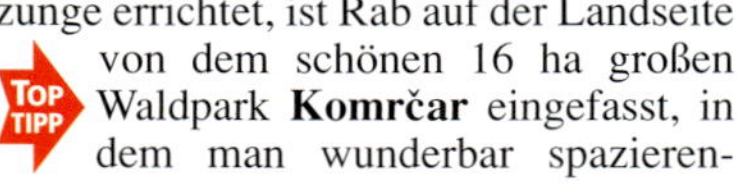

von dem schönen 16 ha großen Waldpark **Komrčar** eingefasst, in dem man wunderbar spazierengehen kann. Im Vorort Mali Palit gibt es ein modernes Einkaufszentrum; dort und am Ostkai kann man parken.

Die markanten vier **Glockentürme** an der Gornja, der Kloster- und Kirchengasse, sind der Inbegriff dalmatinischer Romanik. Vom Kap aus betrachtet scheinen sie alle dicht nebeneinander aufzuragen. Der im 11. Jh. erbaute **Ivanturm** und der **Andrijaturm** wirken beide sehr kompakt. Der herrliche **Dom-Campanile** (12./13. Jh.) ähnelt den Glockentürmen von Zadar und Split und zeigt Einflüsse lombardischer Baukunst. Sein 26 m hoher Baukörper wird von unten nach oben zunehmend durch kleine zwei- und dreibogige Fensterchen aufgelockert. Den Abschluss bildet das mit vierbogigen Öffnungen versehene Glockengeschoss. Die Bekrönung besteht aus Balustrade und Spitzhaube. Der **Justinaturm** bekam sein Zwiebeldach im 16. Jh.

Campanile und Ivanturm können bestiegen werden. Sie bieten wunderschöne Ausblicke auf Rab und das Meer.

Vom Hotel Istra gelangt man über die Promenade Šetaliste schnell zum **Trg Sv. Kristofora**, benannt nach dem Stadtpatron Christophorus. Der Hauptplatz ist zum Hafen hin offen und sehr lebendig mit seinen Cafés und Souvenirständen. Der moderne Springbrunnen von Žarko Violić am Kai symbolisiert die Sage von Draga und Kalifront. Und die geht folgendermaßen: Um das unberührte Hirtenmädchen Draga vor dem liebestollen Kalifront zu schützen, wurde es von der erzürnten Göttin Diana in eine Steinfigur verwandelt. Kalifront, der lebenslang Dragas Tränenquelle besuchen musste, forstete den berühmten Wald auf.

Die breite **Bobotine-Treppe** zur Festung Geljard an den Resten der Stadtmauer stammt aus dem 15. Jh.

Viele edle **Kaufmannspaläste** säumen die **Srednja** – eine attraktive Einkaufs- und Flaniermeile –, die mittlere der drei Parallelgassen, die Rab vom Christophorusplatz bis zum Kap Kaldanac durchziehen. Den eindrucksvollen **Dominis-Nimira-Palast** (15. Jh.) mit dem Café, Marcantun de Dominis' [s. links] Geburtshaus, schmückt u. a. ein römischer Jupiterkopf. Auch der mit den Löwenköpfen versehene **Tudorin-Palast**, der **Kukulić-Palast** sowie der **Maričić-Galzigna-Palast** mit seinem reich verzierten Renaissanceportal und den

Rabs berühmte Söhne

Der **Steinmetz Marin** *aus Lopar, der ›Begründer der Freiheit‹, wurde als Gründer des Stadtstaates Marino zur Legende. Während der Christenverfolgung unter Kaiser Diokletian im 3. Jh. floh er über die Adria, suchte Schutz auf dem Monte Titano bei Rimini und lebte dort in den Wäldern als* **Eremit**. *Aus seiner Einsiedelei entwickelte sich rasch ein Kloster, 301 war die Trutzburg San Marino fertig gestellt. Heute besteht eine enge Partnerschaft zwischen der Insel Rab und der Republik* **San Marino**.

1560 wurde in der Kirchen- und Klosterstadt Rab einer der klügsten Männer seiner Zeit, Wissenschaftler, Professor in Padua und Brescia, Bischof von Senj, Erzbischof von Split, Philosoph, Schriftsteller und Häretiker **Marcantun de Dominis** *(Marco Antonio de Dominis) geboren. Er fand u. a. die Erklärung für das* **Phänomen des Regenbogens** *und war mit seinen zahlreichen anderen wissenschaftlichen Erkenntnissen Vordenker von René Descartes und Isaac Newton. 1617 trat er in England zum Protestantismus über und schrieb das bekannte kirchenkritische Werk* **›De Republica Ecclesiastica‹**. *Papst Urban VIII. erklärte de Dominis zum* **Ketzer** *und ließ ihn 1623 in der römischen Engelsburg einkerkern, wo er 1624 starb. Sein Leichnam wurde zusammen mit seinen Schriften auf dem Campo dei Fiori verbrannt, wo im Jahr 1600 schon der Denker Giordano Bruno auf dem Scheiterhaufen hatte sterben müssen.*

Rabs Treffpunkt unter Sonnenschirmen und Palmen – der Trg Municipium Arba mit dem ehemaligen Rektorenpalast aus dem 13. Jh.

spätgotischen Fenstern sind beachtliche Architekturdenkmäler. Der schlanke Bau der **Renaissance-Loggia** von 1509 scheint die Porträtmaler zu beflügeln. In den zur oberen Gornja ansteigenden engen Quergassen reihen sich Restaurants, und man entdeckt auch die **Spitzen-Galerie ARBA**, in der man einmalige Souvenirs erwerben kann.

Wenige Schritte vom Dominis-Nimira-Palast entfernt, in der unteren Donja, erblickt man einen Teil des ehem. **Nimira-Palastes**. Das Prachtportal mit dem Familienwappen ist ein Meisterwerk des Albaners Andrija Aleši (15. Jh.), der 1453–60 auf Rab tätig war. Seine Arbeiten in Dalmatien, u.a. im Dom von Trogir, brachten ihm Weltruhm.

Eine Passage führt von der Donja auf den **Trg Municipium Arba**, einen herrlichen Platz mit einladenden Eisdielen und Cafés unter Palmen. Den romanischen Rektorenpalast **Kneževdvor** aus dem 13. Jh. zieren Fenster der Spätgotik und Renaissance; der kleine Balkon wird von sechs Löwenköpfen getragen. Am betriebsamen **Kai** vor dem Arbo-Platz warten die Barken und Ausflugsschiffe; auch die Eilfähren von Rijeka und Zadar legen dort an.

Durchs einstige **Meerestor** im Stadtturm geht es von der Donja zur Loggia. Das im 15. Jh. verlassene ›Alt-Rab‹ am Kap, von Mauerresten aus dem 12./13. Jh. umgeben, wirkt düster und wie ausgestorben.

Längs der Gornja vom Kap in Richtung Stadtmauer entdeckt man das geruhsame Rab. Im **Mande-Burišić-Winkel** liegt das 1497 gegründete **Franziskanerinnenkloster**. Die zugehörige Antoniuskirche ist die Grablege vornehmer Inselbewohner.

Der aus dem 11. Jh. stammende, im 13.–15. Jh. veränderte romanische und 1998 renovierte **Mariendom**, 1177 von Papst Alexander III. geweiht, war bis 1818 Bischofssitz. Die schlichte Fassade aus Hausteinen wird durch zwei Blendarkadenreihen aufgelockert. Ein wenig starr wirkt die spätgotische Pietà in der Renaissance-Lünette von Petar Trogiranin. Frühromanische Marmorsäulen gliedern das Innere des Gotteshauses. Die byzantinische Darstellung eines Thronenden Christus (8. Jh.) an der linken

Von diesem Aussichtspunkt sind es nur wenige Schritte zur unterhalb liegenden Euphemia-Bucht

Im Sakralmuseum von Rab wird dieses vergoldete Reliquiar gezeigt

Seitenwand ist eine der ältesten Kostbarkeiten. Das sechsseitige, mit altkroatischer Ornamentik (Tiermotiven) verzierte Ziborium und das meisterhaft geschnitzte, mit Wappen reicher Patrizier geschmückte Chorgestühl von 1455 sind ebenfalls bemerkenswert. Das barocke venezianische Antependium stammt aus dem 17. Jh., die Stuckaturen an der gewölbten Mittelschiffdecke fertigten Clemente und Giacomo Somazzi 1799. An das linke Seitenschiff baute Andrija Aleši im 15. Jh. außen die Sakraments- und die Taufkapelle an, die beide im 17./18. Jh. barockisiert wurden.

Das kleine, häufig umgebaute Gotteshaus des Benediktinerkonvents **Sv. Andrija** wirkt, wie bereits der schlichte Glockenturm von außen vermuten lässt, recht nüchtern. Den barocken Hauptaltar schmückt ein eindrucksvolles Marienbild aus dem 18. Jh. und das Polyptychon auf dem linken Seitenaltar, die Kopie eines Werkes von Bartolomeo Vivarini (1485).

Vom Platz mit der uralten Steineiche führt eine Treppe zum Badeufer an der Euphemia-Bucht hinab, und nördlich schließt sich an den Platz die Kirche **Sv. Justina** aus dem 16. Jh. an, das heutige **Sakralmuseum**. Es hütet zahlreiche herrliche Altäre und Gemälde, u. a. das wunderschöne vergoldete Polyptychon mit der ›Kreuzigung‹ in der Mitte, vom berühmten Paolo Veneziano aus dem

Auch als Ruine noch eine Attraktion – die Pfeilerbasilika Sv. Ivan Evandželista

14. Jh., und das Altarbild ›Tod des hl. Joseph‹ aus der zweiten Hälfte des 16. Jh., vielleicht ein Werk von Tizian selbst. Auch der Domschatz, darunter das vergoldete ›Reliquiar für den Kopf des hl. Christophorus‹ (12./13. Jh.), von Goldschmieden aus Zadar angefertigt, sowie Fragmente eines tragbaren Altars aus dem 12. Jh. und die Votivgeschenke, heimische und venezianische Goldschmiedearbeiten aus dem 17. und 18. Jh., sind wertvolle Ausstellungsstücke.

Die ehem. **Benediktinerinnenabtei** ließ Erzherzog Franz Ferdinand kurz vor seiner Ermordung in Sarajevo 1914 zur Villa Antonietta umbauen. In der **Heilig-Kreuz-Kirche** (16. Jh.), mit Barockstuckaturen von Clemente und Giacomo Somazzi (1798), zeigt das Altarbild von Pellegrini (18. Jh.) die sich vor der Muttergottes verneigenden hll. Christophorus, Antonius und Ignatius.

Stufen führen zu den Ruinen der Pfeilerbasilika **Sv. Ivan Evandželista** (Johannes d. E.) aus dem 6./7. Jh.

Die **Christophoruskirche** am Ende der Gornja beherbergt auch eine kleine Sakralsammlung und ein Lapidarium. Wer durch das Gittertor auf die Mauer hinaufsteigt, hat einen grandiosen Blick auf alle vier Türme der Stadt.

Auf einem Spaziergang durch den schattigen **Park Komrčar**, mit der Ruine eines Franziskanerklosters aus dem 15. Jh. und Treppenwegen zur Badepromenade, kommt man zum ältesten Hotel der Stadt, dem im provenzalischen Stil 1911 erbauten ›Imperial‹.

Praktische Hinweise

Tel.-Vorwahl Kvarner: 0 51

Information: Turistička zajednica Rab, Donja ulica 2, Tel. 77 11 11, Fax 77 11 10, Internet: www.tzg-rab.hr

Hotels

*** **Carolina**, Suha Punta, Tel./Fax 72 41 33. An der zerklüfteten Südküste Kalifronts findet man diese Anlage mit Pool und Meerblick.

*** **Istra**, Rab, Obala kralja Petra Krešimira, Tel. 72 41 34, Fax 72 40 50. Das liebevoll geführte Stadthotel liegt schön im Park Komrčar.

** **Imperial**, Rab, Park Komrčar, Tel. 72 45 22, Fax 72 41 26, Internet: www.imperial.hr. Das älteste Inselhotel an der höchsten Stelle des Parks Komrčar bietet den schönsten Blick auf Rab.

** **San Marino**, Lopar, Tel. 77 51 44, Fax 77 51 28. Gutes Badehotel am Traumstrand Paradiso.

Pension-Restaurant Marjan, Banjol, Tel. 72 55 28. Gepflegte provenzalische Villa und herrlicher Blick zur Stadt Rab (Okt.–April geschl.).

Restaurants

Ana, Mali Palid, Tel. 72 43 76. Gekochter Fisch und *peka* von Lamm, überzeugende Weinauswahl.

Café San Antonio, Rab, Trg Municipium, Tel. 72 41 45. Eis oder Eiskaffee bis spät in die Nacht.

Labirint, Rab, Srednja 9, Tel. 77 11 45. Fisch- und Fleischspezialitäten.

Minimax, Supetarska Draga 18, Tel. 77 60 82. Gepflegte Gastlichkeit, Grill- und Fischspezialitäten. Pfannengerichte (tgl. 11–14 und 18–24 Uhr).

TOP TIPP **Santa Marija**, Rab, Dinka Dokule 6, Tel. 72 56 95. Extravagantes Altstadtlokal, besticht durch kulinarische Leckerbissen der lokalen Küche und kompetenten Service.

Pizzeria Paradiso, Rab, S. Radica 2, Tel. 77 11 09. Im römischen Atrium eines Palazzo gibt's Pizza vom Feinsten und klassische Musik. Oft sehr voll.

Istrien und Kvarner Golf aktuell A bis Z

Vor Reiseantritt

ADAC Info-Service:
Tel. 0 18 05/10 11 12, Fax 30 29 28 (0,12 €/Min.)

ADAC im Internet: www.adac.de

Istrien und Kvarner Golf im Internet: www.kroatien.hr, www.istra.com und www.kvarner.hr

ADAC Info-Service zur Badewasserqualität an der Nordadria: Tel. 0 18 05/ 23 22 21 (0,12 €/Min.)

Informationen erteilt die **Kroatische Zentrale für Tourismus** (Hrvatska turistička zajednica) mit folgenden Niederlassungen:

Deutschland
Kaiserstr. 23, 60311 Frankfurt/Main, Tel. 0 69/2 38 53 50, Fax 23 85 35 20
E-Mail: kroatien-info@gmx.de

Rumfordstrasse 7, 80469 München, Tel. 0 89/22 33 44, Fax 22 33 77,
E-Mail: kroatien-tourismus@t-online.de

Österreich
Am Hof 13, 1010 Wien,
Tel. 01/5 85 38 84, Fax 5 85 38 84 20,
E-Mail: office@kroatien.at

Tourismusverband der Region Istrien, Bayerstr. 24, 80335 München,
Tel. 0 89/54 37 04 80, Fax 54 37 04 81,
E-Mail: istrien-info@t-online.de

Allgemeine Informationen

Reisedokumente

Urlauber aus Deutschland, Österreich und der Schweiz benötigen **Reisepass** oder **Personalausweis**. Es empfiehlt sich jedoch, beide Dokumente mitzuführen, da man an Hotel- und Campingrezeptionen einen Ausweis hinterlegen muss. Für Kinder unter 16 Jahren ist eine Eintragung im Pass der Eltern oder ein Kinderausweis erforderlich.

Kfz-Papiere

Für das eigene **Kraftfahrzeug** benötigt man Führerschein und Fahrzeugschein. Die Mitnahme der *Internationalen Grünen Versicherungskarte* wird empfohlen.

Krankenversicherung

Die ärztliche Versorgung entspricht EU-Standard. Auslandskrankenscheine berechtigen zur kostenlosen Behandlung; eventuelle Extras deckt eine **private Auslandskrankenversicherung**. In den großen Badeorten gibt es deutschsprachige Touristen-Ambulanzen.

◁ *Eines ist sicher: in Istrien und im Kvarner Golf kann jeder nach seiner Façon glücklich werden – beim Flanieren durch alte Städte, beim Čevapčići-Essen, beim Stöbern in Souvenirläden und beim Rad- und Wassersport*

Für **Hund und Katze** benötigt man den Internationalen Impfpass mit eingetragener Tollwutimpfbescheinigung (mind. 15 Tage, max. 6 Monate alt).

Zollbestimmungen

Über den persönlichen Bedarf hinaus kann man 200 Zigaretten, 50 Zigarren, 250 g Tabak, 1 l hochprozentigen Alkohol, 1 l Wein, 250 ml Eau de Toilette und 50 ml Parfum einführen. Elektronische und technische Geräte (PC, Fotoausrüstung, Mobiltelefon etc.) sowie besonders aufwendige Sportausrüstung müssen bei der Einreise als Eigenbedarf deklariert werden.

Geld

Währungseinheit ist die **Kuna** (Hrk) zu 100 **Lipa**. In Umlauf sind Scheine zu 5, 10, 20, 50, 100, 500 und 1000 Kuna sowie Münzen von 1, 2 und 5 Kuna.

Kreditkarten werden in den meisten Hotels, in gehobenen Restaurants und Geschäften sowie bei Autovermietern und auf allen großen Campingplätzen akzeptiert.

In allen großen Küstenstädten und Badeorten gibt es EC-Automaten, an denen man mit einer **EC-Karte** rund um die Uhr Bargeld abheben kann. Mit der **Postbank Spar Card** kann man an zahlreichen VISA-PLUS-Automaten rund um die Uhr Geld abheben (max. 2000 € im Monat).

Tourismusämter im Land

Turistička zajednica Županije istarske, Pionirska 1, 52440 Poreč, Tel. 0 52/45 27 97, Fax 45 27 96, Internet: www.istra.com

Turistička zajednica Kvarner, Nikole Teste 2, 51410 Opatija, Tel. 0 51/27 29 88, Fax 27 29 09, Internet: www.kvarner.hr

Daneben gibt es in allen größeren Orten **Tourismusämter** (*Turistička zajednica*). Die Adressen finden Sie bei den jeweiligen Orten (s. **Praktische Hinweise** im Haupttext).

Notrufnummern

Polizei: Tel. 92
Unfallrettung: Tel. 94
Feuerwehr: Tel. 93

Straßenhilfsdienst des HAK (*Hrvatski Autoklub*): Tel. 9 87, aus Mobilnetzen Tel. 0 19 87

ADAC-Mitglieder zahlen für die Hilfeleistung Pauschalen. Bei ADAC Plus Mitgliedschaft sind An- und Rückfahrt bis 20 km und Pannenhilfe bis zu 60 Min. kostenlos. AIT-Kreditbriefe werden anerkannt.

ADAC-Notrufstation Zagreb:
Tel. 01/3 63 66 66

ADAC-Notrufzentrale München:
Tel. 00 49/89/22 22 22 (rund um die Uhr)

ADAC-Ambulanzdienst München:
Tel. 00 49/89/76 76 76 (rund um die Uhr)

Österreichischer Automobil Motorrad und Touring Club
ÖAMTC Schutzbrief-Nothilfe:
Tel. 00 43/(0)1/2 51 20 00

Touring Club Schweiz
TCS Zentrale Hilfsstelle:
Tel. 00 41/(0)2 24 17 22 20

Verkehrsunfälle müssen unbedingt der Polizei gemeldet werden: Bei größeren Sachschäden immer das Protokoll (*potvrda*) verlangen, um evtl. Schwierigkeiten bei der Ausreise zu vermeiden.

Diplomatische Vertretungen

Deutschland
Botschaft, Ulica grada Vukovara 64, 10000 Zagreb, Tel. 01/6 15 81 05, Fax 6 15 81 03

Österreich
Botschaft, Jabukovac 39, 10000 Zagreb, Tel. 01/4 83 44 57, Fax 4 83 44 61
Konsulat, Stjepana Istranina Konzula 2, 51 000 Rijeka, Tel./Fax 051 33 85 54

Schweiz
Botschaft, Bogovičeva 3, 10000 Zagreb, Tel. 01/4 81 08 91, Fax 4 81 08 90

Besondere Verkehrsbestimmungen

Tempolimits (in km/h): Für Pkw, Motorräder und Wohnmobile gilt innerorts 50, außerorts 80, auf Schnellstraßen 100 und auf Autobahnen 130. Höchstgeschwindigkeiten sind streng zu beachten (häufige Radarkontrollen!).

Stehende Kolonnen und Schulbusse dürfen nicht überholt werden. Während eines Überholvorgangs Blinker setzen. Jedes Fahrzeug muss einen Reservesatz Glühlampen mitführen. Die **Promillegrenze** liegt bei 0,5. Es besteht **Gurtanlegepflicht**, Kinder unter 12 Jahren müssen auf dem Rücksitz befördert werden.

Anreise

Auto

Die wichtigste Route, die E 52, führt von München über Salzburg nach Villach. Vom Villacher Kreuz durch Slowenien (Karawankentunnel – Ljubljana – Postojna – Kozina) Richtung Koper, über die slow.-kroat. **Grenzübergänge** Sočerga (Buzet – Tunnel Učka – Rijeka), Dragonja (Buje) und Sečovlje (E 751) nach Istrien und auf der Straße Postojna – Ilirska Bistrica – Rijeka über den Grenzübergang Rupa zum Knotenpunkt Matulji. Auch über die Autobahn Villach – Triest und den ital.-slow. Grenzübergang Rabuiese (Škofije) gelangt man schnell über Koper (Capodistria) nach Istrien und Kvarner. Die Anreise aus der **Schweiz** erfolgt über den St.-Gotthard-Tunnel, den Grenzübergang Chiasso nach Triest und von dort nach Koper oder Kozina.

Straßennutzungsgebühren (Maut bzw. Vignette) für Autobahnen und Tunnel können in der Schweiz, Österreich und Slowenien anfallen. In den kroatischen Regionen Istrien und Kvarner sind der Tunnel Učka und die Krker Brücke mautpflichtig.

Umfangreiches **Informations**- und **Kartenmaterial** können ADAC-Mitglieder kostenlos bei den ADAC-Geschäftsstellen oder unter Tel. 0 18 05/10 11 12 (0,12 €/Min.) anfordern. Außerdem sind im ADAC-Verlag die LänderKarte *Kroa-*

tien, Bosnien-Herzegowina, Jugoslawien (1:750 000) sowie der TravelAtlas *Europa* (1:750 000) erschienen.

In Istrien und Kvarner ist das **Tankstellen-Netz** dicht, und auf den Hauptrouten gibt es moderne, durchgehend geöffnete Tankstellen mit Shops.

Bahn und Autoreisezug

Der täglich zwischen München und Ljubljana verkehrende Euro-City braucht etwa 10 Stunden. In der Hauptsaison gibt es zusätzliche Reisezüge nach Koper, Matulji-Opatija und Rijeka. Die Autoreisezüge aus Nord-, West- und Ostdeutschland fahren bis Villach, nach Rijeka sind es von dort 230 km. Von Ljubljana kann man die Reise mit Lokalzügen nach Koper, Pula und Rijeka fortsetzen. **Kroatische Eisenbahnen** (*Hrvatske željeznice*), Mihanovićeva 12, 10000 Zagreb, Tel. 041/27 48 71, Fax 42 21 69, E-Mail: croatia-express-pa@hz.tel.hr

Bus

Ein Bus fährt jeden Freitag von mehreren deutschen Städten nach Poreč, Rovinj und Pula. Informationen und Buchungen über **Deutsche Touring**, Am Römerhof 17, 60486 Frankfurt/Main, Tel. 069/79 03 50, Fax 7 90 31 49, Internet: www.deutsche-touring.com.

Von Ljubljana aus gelangt man ebenfalls mit Bussen in die istrischen Badeorte, nach Rijeka und auf die Kvarner Inseln.

Flugzeug

Am nächsten liegen die internationalen Flughäfen Triest-Ronchi, Ljubljana und Zagreb. Charterflüge nach Pula und Rijeka/Insel Krk gibt es nur in der Saison.

Schiff

In den Sommermonaten besteht Linienverkehr (Motorboote, Tragflügelboote) zwischen Venedig, Grado, Triest und Poreč, Rovinj, Brijuni, Pula und Mali Lošinj. Die Autofähre von Ancona bedient Zadar in Norddalmatien.

Bank, Post, Telefon

Bank

Geldwechsel ist unter Vorlage eines Personaldokuments bei Banken Mo–Fr 7–20, Sa 7–12 bzw. 13 Uhr (in kleineren Orten gibt es eine Mittagspause) sowie in den Wechselstuben, an Hotel- und Campingplatzrezeptionen, bei der Post und an großen Tankstellen möglich.

Post

Die meisten **Postämter** (HPT) haben durchgehend Mo–Sa 7–21, in der Saison in Touristenorten auch So und bis 22 Uhr geöffnet. **Briefmarken** (*znamke*) gibt es auch in Zeitungs- (*tisak*) und Tabakläden (*duhan*) sowie an Kiosken.

Telefon

Internationale Vorwahlen:
Kroatien 00 385
Deutschland 00 49
Österreich 00 43
Schweiz 00 41

Ortsnetzkennzahlen: für alle Orte in **Istrien** 0 52, in der Region **Kvarner** 0 51.

Die Benutzung handelsüblicher **Mobiltelefone** ist in ganz Kroatien möglich.

Telefonkarten (*telefonske kartice*) sind in Postämtern und an Kiosken erhältlich. Verbilligter **Nachttarif** besteht zwischen 22 und 6 Uhr. Hotels und Campinganlagen berechnen für Ferngespräche einen erheblichen Aufschlag.

Einkaufen

Lebensmittelläden haben in der Saison meist durchgehend ab 7 Uhr bis spät abends und auch sonntags geöffnet. Kleine Geschenkläden, Boutiquen, Juweliere und Galerien machen oft eine Mittagspause. Einheimische Lebensmittel und Produkte von Markt sind etwas billiger als Importware.

Märkte

In allen großen Küstenorten gibt es Gemüse- und Obstmärkte, in Poreč, Pula oder Mali Lošinj auch Fischmärkte. In Pula sind sowohl Markt als auch Markthalle [S. 52] sehenswert. Interessante Jahrmärkte finden vielerorts in Inneristrien statt.

Souvenirs

Das Angebot reicht von Miniaturen der *kažuni*, landestypische istrische Kuppelhäuschen aus Stein und Kopien von glagolitischen Funden, über moderne Glaswaren, Keramik und Keramikschmuck, extravagantem *morčić*-Goldschmuck aus Rijeka, Goldschmiedearbeiten aus einem kunstvollen Geflecht von Gold- oder Silberdrähten, Korallen- und Modeschmuck bis hin zu bestickten Baumwollblusen und Hemden, genähten, gehäkelten oder mit Spitzen verzierten Tischdecken, Teppichen, Lavendelsäckchen und -öl. Originell ist auch die *bukaleta*, der handbemalte istrische Majolikakrug mit eigenem Portraits.

In Grappa eingelegte Früchte, Kräuter und Gräser werden in Istrien häufig angeboten. Qualitätsweine wie *Malvazija*, *Vrbnička žlahtina* kauft man in Weinläden oder direkt beim Erzeuger, ebenso istrisches Olivenöl. Weitere **kulinarische Mitbringsel** sind Mistelschnaps und Salbeihonig von der Insel Cres sowie geräucherte Schafskäselaibchen.

Essen und Trinken

Sonne, Wind und Meer machen bekanntlich hungrig. Die Regionen Istrien und Kvarner haben kulinarisch und gastronomisch einiges zu bieten. Die Altstädte verwandeln sich in der Saison in wahre ›Essparadiese‹ mit einer Fülle an Fisch- und Fleischlokalen, Pizzerien, Eisdielen, Cafés und Fast-food-Restaurants. Landestypisch sind die Konobas [s. S. 131].

Die meisten Restaurants haben von 11 bis 23 Uhr durchgehend geöffnet. Die Preise sind solide, preiswerte *à-la carte*-Gerichte kann man zu jeder Tageszeit bestellen. Die Einheimischen beginnen den Tag meist mit dem türkischen Mokka (*turska kava*) im Stielkännchen oder bestellen unterwegs *jednu kavu* (Espresso), *kavu sa šlagom* (mit Schlagsahne), *kavu sa mlijekom* (mit Milch) oder den Muntermacher *dupli espresso* (Doppelespresso) in einer der **Bars**, die bereits ab 7 Uhr geöffnet haben.

Auch in preiswerten Mittelklasse-Hotels gibt es inzwischen ein **Frühstücksbuffet** mit allen konventionellen Zutaten. In nobleren Unterkünften serviert man zusätzlich *skuta* (Frischkäse), Tomatensaft, Pasteten, Bratenaufschnitt, marinierten Fisch, Gebäck und Obst.

Die einheimischen Städter verwöhnen sich am späten **Vormittag** mit der *marenda*, einer warmen Mahlzeit (z. B. Gulasch, Spaghetti oder gefüllte Paprika). Zu Hause oder in den Konobas wird zum **Mittagessen** eine *maneštra* (Gemüsesuppe) oder *pašta fažol* (Bohneneintopf mit Nudeln), gewürzt mit *pešt* (geräuchertem Speck mit Knoblauch und Petersilie), oder, wenn es schnell gehen muss, eine *fritata* (Omelette) gekocht. Als **Touristenmenü** werden oft gute, preiswerte Mittagsgerichte angeboten.

In der Sommerhitze empfehlen sich als **Durststiller** neben Mineralwasser auch Wein-Wasser-Mischgetränke oder frisch zubereitete *limonada*.

Als **Imbiss** werden *burek*, der warme, deftige Frischkäse- oder Hackfleischstrudel, oder *sendvič sa pršutom* (Schin-

Ribe, Buzara, Vino

In den einfachen, leichten und würzigen Bauern-, Fischer- und Hirtengerichten Istriens und des Kvarner spiegeln sich die Küchen des benachbarten Friaul, Veneziens, Österreichs und Dalmatiens wider. Die typischen Fisch- und Fleischspezialitäten werden allerdings auf traditionelle, sehr aromatische einheimische Weise zubereitet.

Als **Vorspeisen** *und* **kleine Gerichte** *(predjela) reicht man zu Weißbrot hauchdünn geschnittenen pršut, den würzigen paški sir, den Schafskäse von der Insel Pag, zusammen mit Oliven, marinierte Sardellen oder bakalar, den delikaten Stockfisch-Aufstrich mit Knoblauch, Salz, Pfeffer und Olivenöl. Salata od lignja, Tintenfischsalat, und coctail od rakovica, Shrimpssalat in der Muschel serviert, und oštrige, Austern auf Eis mit Zitrone, werden von Feinschmeckern als Hors d'œuvre bevorzugt.*

Als **Suppen** *(juhe) werden Bouillons mit lazanje, hausgemachten Suppennudeln, und feine Weißfisch- und Gemüseterrinen gereicht.*

Fuži, handgeformte Teignudeln mit Scampi, Muscheln, weißen Trüffeln, Pilzen, pošutice (Fleckerln mit Salzsardellen), rafijoli, njoki (Gnocchi) mit Reh- oder Hasenragout und crni rižoto (schwarzer Risotto) sind als erster Gang oder kleines Gericht weit verbreitet.

Typische Gerichte *sind fritate (Omelettes mit pršut, grünem Wildspargel oder weißen Trüffeln), maneštra od bobiča, Maisminestrone, oder supa u bukaleti, die lauwarme, herzhaft gewürzte Teran-Weinsuppe mit gerösteten Weißbrotwürfeln. Peka, eine delikate*

Lammkasserole mit Kartoffeln und Gemüse und einstmals traditionelles Festessen, muss wegen ihrer aufwendigen Zubereitung (etwa 2 Std. in der Gluthitze des Holzfeuers) vorbestellt werden. Ombolo, das eingelegte und luftgetrocknete feine Schweinefilet, wird hauchdünn geschnitten kalt oder in Olivenöl gebraten mit Sauerkraut serviert, ebenso wie die domače klobasice, die istrischen gekochten Würste. Punjenene kalmare, mit Miesmuscheln, Scampi, pršut oder Champignons gefüllte kleine Tintenfische, sind eine istrische Delikatesse. Istarski odrezak, das Kalbsschnitzel mit pršut und Käse gefüllt, und dalmatinische pašticada, Rinderschnitzel in Weingemüsesoße gedünstet, werden oft serviert.

Ganz oben auf der **Fisch-Speisekarte** *stehen zubatac (Zahnbrasse), orada (Goldbrasse) oder list (Seezunge) – meist gebacken oder gekocht (na lešo), ebenso wie noch immer jastog po želji, Hummer nach Wunsch des Gastes zubereitet. Riba u soli (Fisch in der Salzkruste gebacken), riba iz pečnice (aus der Backröhre mit Bratkartoffeln), riba u kruhu (im Brotmantel) sind köstliche Spezialitäten.*

Alle Arten von **Muscheln**, *školjke na žaru (gegrillt), als Risotto, paniert oder mit Nudeln, sollte man vor allem am Limski zaljev kosten. Ein saftiges* **Buzara-Gericht** *– Miesmuscheln, Steinbohrermuscheln oder auch kleine ganze Scampi im eigenen Sud mit Olivenöl, Tomaten und Semmelbröseln gedünstet und mit Wein abgelöscht, bestreut mit Petersilie und Knoblauch – mit Weißbrot gegessen und dazu ein Glas Wein, das ist ein Hochgenuss, der keine Wünsche offen lässt.*

Vom mediterranen **Grill** *kommen gemischte Fleischplatten, ab und zu mit ražnjići und čevapčići. Kalamari, Tintenfisch, Scampi und Fischplatten (Seehecht, Seezunge, Seeteufel, Makrele) reicht man mit Petersilie-Knoblauch-Öl-Dip, Salzkartoffeln oder pomfrit, Mangold und Salat.*

Als **Beilage** *kommt vor allem Mangold auf den Tisch. Von den Salaten schmeckt deradič, Radicchio mit Bohnen, hart gekochtem Ei oder Kartoffeln, mit Weinessig und Olivenöl zubereitet, am besten.*

Auf der **Insel Krk** *begeistern Marinadendüfte mit Rosmarin und Lorbeer. Kočarska fritura ist eine köstliche Platte mit Rochen, Seebarbe, Tintenfisch und Soße, zu der man edlen žlahtina-Wein trinkt. Baščanske šurlice ist ein Nudelgericht mit Lammfleisch und Inselkäse.*

Die originellsten **Süßspeisen** *neben palačinke (Palatschinken) mit Marmelade, Walnuss, Schokolade und Eis, sind cukerančići, fritule und kroštule, nach alten Rezepten in Öl fritierte und mit Puderzucker bestreute, knusprige Teigstücke und -bällchen.*

Der ausgezeichnete **Wein** *(vino) kommt aus den anerkannten Anbaugebieten Istriens, Buje/Umag, Poreč, Buzet, Pula/Rovinj und Pazin, wo die weißen Sorten (malvazija, pinot, muškat) überwiegen. Teran und Merlot reicht man zu Wild- und Fleischgerichten. Von der Insel Krk kommt der wunderbare žlahtina. Domače crno, domače bijelo, die preiswerten, süffigen Tafelweine, oft selbst gekeltert und direkt aus dem Eichenfass des Weinbauern, sollte man unbedingt probieren.*

Die istrischen **Kräuterschnäpse** *werden als Aperitif oder nach dem Essen gereicht.*

kensandwich) gegessen. Wer es lieber süß mag, findet in den *slastičarnas*, den landestypischen, oft von albanischen Zuckerbäckern geführten, einfachen Konditoreien, oder in noblen Eisdielen zum Cappuccino immer verführerische **Süßigkeiten**. Orientalisches Naschwerk konkurriert mit den Versuchungen der Wiener Kaffeehaus-Zuckerbäckerei. Man hat die Wahl zwischen süßer *baklava*, Waffelgebäck *figaro*, Sacher- und Frankopanentorte, knusprigem *štrudle*, *kremšnite* und *šamrole* (Schaumrollen) sowie Obstbecher mit Sahne und Eis.

Für das **Abendessen** (*večera*), die Hauptmahlzeit des Tages, empfiehlt es sich, die landestypischen **Konobas** aufzusuchen, meist rustikale, aber auch gehobene Weinstuben und Gasthäuser mit offenem Grill oder Feuerstellen für *peka*-Gerichte.

Feste und Feiern

In ganz Kroatien gelten der 1. und 6. Januar, Ostersonntag und Ostermontag, 1. Mai, 30. Mai, 22. Juni, 5. August, 15. August, 1. November, 25. und 26. Dezember als gesetzliche Feiertage.

Dazu kommen noch die Festtage der lokalen Schutzheiligen, die mancherorts in herrlichen Trachten und mit traditionellen Musikinstrumenten gefeiert werden. Das ganze Jahr über findet eine Fülle von termingebundenen, immer wiederkehrenden Festen und Veranstaltungen statt. Im folgenden eine Auswahl der wichtigsten Ereignisse.

Januar
Mali Lošinj (1. 1.): Traditionelles internationales Wetttauchen.

Februar
Opatija: *Balinjerada*, lustiger Wettstreit von Karnevalsnarren und Festwagen.

Rijeka: Besonders prunkvoll wird hier der *Internationale Karneval Rijeka* mit Wagenumzügen und originellem Mummenschanz gefeiert.

Juni/Juli
Hum (2. Junisonntag): Stadtfest mit der Wahl des Stadtoberhauptes für ein Jahr.

Kanfanar (24. 7.): Volksfest *Jakovlja* mit großem Ochsenmarkt.

August
Bale (1. Augustsonntag): *Baljanska noč*, populäres Volksfest.

Barban (Mitte/Ende August): Das dem berühmten dalmatinischen *Sinjska-Alka* ähnliche, aber nicht ganz so prunkvolle Ringstechen mit einer Lanze auf galoppierenden Pferden ist ein Muss für Pferdeliebhaber.

Barbat (16. 8.): Fest der Muttergottes vom Karmel mit feierlicher Prozession.

Fažana: Sardellenfest mit viel Wein und Musik.

Oprtalj (Mitte August): Treffen der volkstümlichen Akkordeonspieler auf dem Jahrmarkt.

Rovinj (Mitte August): *Rovinjska fešta*, Volksfest auf dem Hafenplatz.

Tar (15. 8): *Ferragosto* mit musikalischen Darbietungen am Hauptplatz.

September
Buje, Umag: Weinfeste auf den Stadtplätzen und Umzüge.

Crikvenica: Fischerwochen mit frischen Fischspezialitäten.

Oktober
Istarske toplice, Livade, Gradinje: Trüffel- und Pilzfeste mit Verkauf.

Dobreć, Opatija: *Marunada*, Maronenfeste mit leckeren Spezialitäten, Kuchen und Torten, die vor allem in Kaffeehäusern angeboten werden.

Klima und Reisezeit

An der ostadriatischen Küste herrscht ein typisch **mediterranes Klima** mit milden Wintern, heißen Sommern sowie angenehmen Frühlings- und Herbsttemperaturen. Istrien und Kvarner gehören zu den Gebieten Europas mit den meisten Sonnentagen im Jahr. Lohnende **Winter- und Frühlingsreiseziele** sind die Kur- und Seebadeorte Opatija und Crikvenica. Die **Badesaison** beginnt im Mai und erreicht ihren Höhepunkt in den heißesten Monaten Juli/August. Im **Herbst** gehören die Karst- und Macchialandschaften sowie die Wälder den Wanderern und Erholungssuchenden.
Das Klima wird vor allem von drei **Winden** beherrscht: dem böigen Nordostwind *bora*, der im Winter eiskalt vom Festland zum Meer weht und im Sommer für strahlende Sonnentage sorgt, dem warmen und trägen Südwind *jugo*, der oft Regen bringt, und dem von Westen oder Nordwesten kommenden *maestral*, der erfrischenden Brise am Nachmittag.

Klimadaten Pula

Monat	Luft (°C) min./max.	Wasser (°C)	Sonnen-std./Tag
Januar	2/ 5	11	3
Februar	2/ 6	10	4
März	5/ 7	11	5
April	8/12	13	7
Mai	13/17	17	8
Juni	16/21	21	10
Juli	19/24	23	11
August	18/23	24	10
September	16/20	22	8
Oktober	12/15	18	6
November	7/10	15	3
Dezember	4/ 7	13	3

Kultur live

Das Angebot an kulturellen Events, Ausstellungen, Folkloreauftritten, klassischen Musikkonzerten ist besonders im Juli und August äußerst vielfältig. Alle großen Urlaubsorte bieten ein gutes **Sommerfestivalprogramm**.

April
Opatija, Crikvenica: Osterkonzerte.

Rijeka: *Jazz Time*, Jazzfestival.

Juni
Mali Lošinj (21. 6.): Traditionelle Feier des Sommer- und Saisonanfangs.

Juli/August
Brijuni: Klassische Konzerte, Oper- und Theateraufführungen.

Grožnjan: Die internationale Musikjugend übt und gibt Konzerte.

Krk: Sommerfestival mit Opern-, Theater- und Tanzdarbietungen im Kaštel, im Dom und auf der Insel Košljun.

Labin: Klassischer Sommer, Musik-, Folklore- und Tanzveranstaltungen.

Lubenice: Solisten-, Chor- und Orchesterauftritte.

Motovun: Internationales Filmfestival mit Independence-Movies.

Novi Vinodolski: Sommerkarneval.

Opatija: Festspiele mit Opern-, Ballett- und Konzertveranstaltungen.

Osor: Musikabende mit renommierten Solisten und Orchestern.

Poreč: Konzerte klassischer Musik in der Euphrasiana.

Pula: Theater- und Musikaufführungen im Amphitheater, auf dem Forum sowie im Kleinen Römischen Theater.

Rovinj (2. Augustsonntag): *Grisia*, Open-air-Kunstausstellung, an der sich jeder beteiligen kann.

Umag: Konzertsommer, jeden Mittwoch klassische Musik in der Pfarrkirche.

Vinkuran: Bildhauer-Workshop im Steinbruch *Cave della romana*.

Volosko (August): Maler- und Bildhauerkolonie am Mandrač.

Vrsar (August): Bildhauer-Workshop *Montraker* auf dem Campinggelände.

Dezember
Rab: Klassische Weihnachtskonzerte.

Museen und Kirchen

Museen

Die **Öffnungszeiten** der Museen sind uneinheitlich. Genauere Angaben finden sich im Haupttext.

Kirchen

In kleineren Orten sind die Kirchen vielfach **geschlossen**; meist können dann Nachbarn oder der Pfarrer behilflich sein. Es wird erwartet, dass die Gotteshäuser anständig bekleidet und nicht während der Gottesdienste besichtigt werden. In großen Urlaubszentren gibt es deutschsprachige Gottesdienste.

Sport

Die Badeorte mit ihren herrlichen Stränden und Buchten sind für alle **Wassersportarten** (Schwimmen, Segeln, Surfen, Rudern, Wasserski, Schnorcheln, Tauchen, Parasailing, Jetski) und viele **Strandsportarten** (Basketball, Beach-Volleyball, Fußball, Reitsport, Golf, Tennis, Bogenschießen, Boccia) bestens eingerichtet. Es gibt überall *Schulen* für Segeln, Surfen, Tauchen, Reiten oder Tennis. Vielerorts kann man Fahrräder, Mountainbikes, Kajaks und Boote leihen. Das kroatische Fremdenverkehrsamt [s. S. 127] gibt die Broschüre ›Wassersport‹ heraus.

Schwimmen

Die ostadriatischen Küstengewässer gelten als sehr sauber, und die Strände und Badebuchten werden gut gepflegt. Am Felsufer und in den meisten Buchten wird das Wasser schnell tief. Obgleich es sehr klar ist, empfiehlt es sich wegen der scharfkantigen Steine und der Seeigel Badeschuhe anzuziehen. Vorsicht ist auch geboten aufgrund der vielen Motorboote. Einsame und ruhige Badebuchten findet man dagegen auf den Inseln.

Segeln

Istrien und die Inseln im Kvarner Golf sind ein Skipperrevier par excellence: Die wichtigsten Marinas findet man in Umag, Novigrad, Červar-Porat, Poreč, Zelena laguna, Vrsar, Rovinj, Pula, Veruda, Pomer, Opatija, Punat (Krk), Cres, Mali Lošinj, Supetarska Draga und Rab. Das kroatische Fremdenverkehrsamt [s. S. 127] bringt jährlich eine Preisliste heraus.

Tauchen und Schnorcheln

Insbesondere der Golf um die Inseln Cres, Lošinj und Krk, mit vielen Wracks auf dem Meeresgrund und reicher Unterwasserwelt, ist ein begehrtes Tauch- und Schnorchelrevier. Auskunft und Bewilligung, eventuell auch über offiziell verbotene Tauchzonen, erhält man beim jeweiligen Hafenamt; viele Tauchschulen bieten Gruppen für organisierte Tauchgänge. Bei jedem Tauchgang sollte man sich streng an die Vorschriften halten und die Tauchstelle unbedingt sichern.

Wandern

Für Spaziergänger und Wanderfreunde sind Istrien und Kvarner ein Paradies. Ausgedehnte Spazierwege am Meer, einsame Pfade quer durchs grüne Hügelland Inneristriens, Touren im bewaldeten Hochgebirge **Učka** und im karstigen **Velebit**, und nicht zuletzt die **Kvarner Inseln** bieten sich für längere Wanderungen und Trekking geradezu an. In Kastav bei Rijeka beginnt (oder endet) der **europäische Fernwanderweg E 6** (Baltikum – Adria, 1300 km). Die Wege im **Naturpark Rt Kamenjak**, der 12 km lange Lehr- und Öko-Pfad **Staza Tramuntana** auf Nord-Cres (Beli) und auch der 57 km lange **Primuzič-Wanderweg** im Velebit sind gut markiert.

Auskünfte erhält man in den jeweiligen Fremdenverkehrsämtern oder beim Bergsteigerverband Planinarsko društvo, Rijeka, Korzo 40/I, Tel. 0 51/33 12 12 (Mo und Fr 18–20 Uhr).

Statistik

Istrien

Geographie: Mit 4437 km² Fläche, 75 km maximaler Breite und einer Nord-Süd-Länge von 100 km ist Istrien die größte Halbinsel der Adria. Der Nordwesten mit 46 km Küstenlinie gehört zu Slowenien. Der kroatische Teil (begrenzt durch den Fluss Dragonja, das Kap Kamenjak und den Berg Učka) umfasst 2820 km², und die Ostküste Istriens gehört ab Brestova zur Region Kvarner. Mit 53 km ist die Mirna der längste Fluss, der Učka mit 1401 m der höchste Berg. Die stark zerklüftete Küste des istrischen Dreiecks ist mit 445 km etwa doppelt so lang wie die E 751 (Istrienmagistrale).

Bevölkerung: 200 000 Einwohner, davon 55% Kroaten, 21% Istrer (Istrani), 17% Bosnier, Serben, Slowenen und Albaner und 7% Italiener. 80% der Bevölkerung leben in den Küstenstädten, fast die Hälfte davon in Pula (82 000 Einw.), dem wirtschaftlichen Zentrum der Region. Die Bezirksverwaltung der Gespanschaft (Županija istarska) Istrien hat ihren Sitz in Pazin (5300 Einw., mit Eingemeindungen 19 000).

Wirtschaft: Die Bevölkerung lebt vom Tourismus, 250 000 bis 300 000 Gäste finden in den Sommermonaten an der Küste Unterkunft, 4000 Jachtbesitzer einen Liegeplatz. 70% der Bevölkerung sind im Dienstleistungsbereich tätig. Industrie und Schiffsbau werden nur in Pula betrieben. Fischfang spielt nach wie vor eine große Rolle; über kleinere Fangflotten verfügen Novigrad, Rovinj und Vrsar.

35% der Fläche bedecken submediterrane und mediterrane Wälder, Inneristrien ist hügelig, kleinbäuerlich. Das landwirtschaftliche Hauptanbaugebiet erstreckt sich an der Westküste von Savudrija bis Pula/Labin. Auf der rötlichen *terra rossa*-Erde gedeihen vorwiegend Weine, Oliven, Mais sowie Gemüse und Obst.

Kvarner

Geographie: Die Kvarner Region umfasst die Küstenlandschaft der Gespanschaft Primorsko-goranska von Brestova an der Ostküste Istriens bis nach Senj, die vier großen Inseln Krk, Cres, Lošinj und Rab sowie die Lošinjer Inselgruppe. Die Festlandküste von Senj bis Jablanac gehört zur Gespanschaft Lika-Senj. Die Fläche von Primorsko-goranska beträgt 3582 km², davon 1100 km² Inselfläche. Der höchste Berg ist der Bjelolasica (1534 m) im dinarischen Hinterland, der höchste Inselberg, der Gorice (650 m), erhebt sich auf Cres.

Bevölkerung: 325 000 Einwohner, das sind 7% der Gesamtbevölkerung Kroatiens, davon leben 164 000 (50%) im Wirtschafts- und Verwaltungszentrum Rijeka und 38 000 (12%) auf den Inseln.

Wirtschaft: An der Kvarner Küste gibt es 180 000 Unterkünfte, davon 25 000 in Hotels, 55 000 auf Campingplätzen und 100 000 in Privathäusern sowie 3000 Jachtliegeplätze. Industrie und Schiffsbau beschränken sich auf Rijeka, Ölraffinerien findet man im Bakarski zaljev und in Omišalj. Kleinere Fischfangflotten gibt es auf Krk und in Rijeka.

Die schmale und steil ansteigende Felsenküste des Kvarner ist landwirtschaftlich nicht nutzbar, fruchtbare Flächen gibt es nur in den Tälern auf Krk und Rab. Dort werden vorwiegend Gemüse, Wein, Obst und Oliven angebaut, auf den Inseln wird Schafzucht betrieben.

Unterkunft

Während der Hochsaison im Juli und August sind Istrien und die Kvarner Region kein Billigreiseziel, denn das Angebot an Hotels und Privatunterkünften wird dann knapp. Die Buchung über einen Reiseveranstalter (ADAC,TUI, Bemex oder Riva) ist in dieser Zeit zu empfehlen. In der Vor- und Nachsaison fallen die Preise auch in den Badehotels bis um die Hälfte. Prospektmaterial und Preislisten erhält man bei den örtlichen Fremdenverkehrsämtern. Die kroatische Tourismuszentrale [s. S. 127] veröffentlicht jährlich Preislisten zu Hotels, Privatunterkünften und Campinganlagen.

Camping

Istrien und Kvarner sind ein Camperparadies. Nicht nur die Anzahl, auch die Ausstattungsvielfalt der direkt am Strand oder stadtnah gelegenen Plätze ist groß. FKK-Camping konzentriert sich auf die West- und Südküste Istriens sowie auf die Inseln Krk und Cres. Eine detaillierte Beschreibung anerkannter Campingplätze bietet der jährlich erscheinende *ADAC Camping-Caravaning-Führer*, der auch als CD-ROM erhältlich ist.

Ferienhäuser und Privatunterkünfte

Im ganzen Reisegebiet werden komplett eingerichtete Ferienhäuser und -wohnungen (*apartmani*) angeboten. Man findet sie in Touristensiedlungen am Meer oder in Privathäusern. Auch das Angebot an *sobe*, Privatzimmern, verschiedener Kategorien ist groß; Frühstück und manchmal auch Halbpension gibt es im Haus. Auskünfte erteilen die örtlichen Fremdenverkehrsämter und private Agenturen.

Hotels

Die meisten **Badehotels** sind von Mitte April bis Mitte Oktober geöffnet. Es handelt sich fast durchweg um kinderfreundliche, einfache, zum Teil renovierte Häuser mittleren Standards, die fast alle unmittelbar am Strand und mitten im Grünen liegen. Daneben gibt es auch ganzjährig geöffnete, komfortablere **Stadt-, Seebad-** und **Luxushotels**. Empfehlungen bieten die **Praktischen Hinweise** bei den jeweiligen Orten.

Jugendherbergen

Es gibt nur zwei Jugendherbergen im Reisegebiet: in **Pula**, Zaljev Valsaline 4, Tel. 052/39 11 33, Fax 39 11 06 (ganzjährig, auch Camp), in Krk Tel./Fax 051/22 02 12, und in **Punat** (Krk), Tel./Fax 051/85 40 37 (Mai–Okt.) und in Veli Lošinj, Tel. 051/23 63 12 (April–Sept.). Reservierung empfiehlt sich!

Verkehrsmittel im Land

Bahn

Man gelangt von Ljubljana über Postojna – Pivka – Divača und von Triest über Sežana – Divača nach Pula und ins slowenische Koper. Von Ljubljana über Postojna, Pivka, Ilirska Bistrica fährt man nach Rijeka. Von den nahen Busstationen verkehren dann Busse in die Badeorte und auf die Inseln.

Bus

Ein dichtes Autobusnetz verbindet die Küstenorte Istriens und der Kvarner Region. Die Kvarner Inseln erreicht man von Rijeka aus. Fahrkarten (*karte*) besorgt man sich an den Busbahnhöfen (*autobusna stanica*). Die Preise sind günstig.

Mietwagen

In Städten und größeren Touristenorten kann man Autos mieten. Die Preise sind relativ hoch. Der Automieter muss mindestens 23 Jahre alt sein und 3 Jahre Fahrpraxis haben. ADAC-Mitglieder können über die ADAC-Geschäftsstellen oder unter Tel. 01805/31 81 81 (0,12 €/Min.) preisgünstiger ein Auto im Voraus buchen.

Schiff

Autofähren fahren zwischen Brestova (istrische Ostküste) und Porozina (Cres), Valbiska (Krk) und Merag (Cres), Baška (Krk) und Lopar (Rab), Jablanac und Mišnjak (Rab) sowie zwischen Pula – Mali Lošinj. Reservierungen sind nicht möglich, in der Hochsaison pendeln die Fähren nach Bedarf. Von Mali Lošinj gibt es in der Saison **Personen-** und **Ausflugsschiffe** nach Unije, Susak und Ilovik. Im Juli/Aug. fährt ein Schiff auf der Linie Rijeka–Cres. Rab erreicht man ohne Auto auch mit der **Eilfähre** nach Dalmatien, Brijuni mit dem Personenschiff von Fažana aus. Ausflugsschiffe verkehren in der Saison entlang der West- und Ostküste Istriens, von der Ostküste Istriens und der Crikvenika riviera auf die Kvarner Inseln sowie zwischen ihnen.

Taxi

In allen größeren Städten und Inselorten gibt es Taxistände, die meist nahe den Busbahnhöfen zu finden sind.

Sprachführer

Das Wichtigste in Kürze

Ja/Nein	*Da/Ne*
Bitte/Danke	*Molim/Hvala*
In Ordnung!/Ich bin einverstanden!	*U redu!/ Pristajem!*
Entschuldigung!	*Oprostite!*
Wie bitte?	*Kako molim?*
Ich verstehe Sie nicht.	*Ja Vas ne razumjem.*
Ich spreche nur wenig Kroatisch.	*Ja govorim samo malo hrvatski.*
Können Sie mir bitte helfen?	*Možete li mi molim Vas pomoći?*
Das gefällt mir (nicht).	*To mi se (ne) sviđa.*
Ich möchte ...	*Htio/htjela* bih ...*
Haben Sie ...?	*Imate li ...?*
Wie viel kostet ....?	*Koliko košta ...?*
Kann ich mit Kreditkarte bezahlen?	*Dali mogu platiti sa kreditnom kartom?*
Wie viel Uhr ist es?	*Koliko je sati?*
Guten Morgen!	*Dobro jutro!*
Guten Tag!	*Dobar dan!*
Guten Abend!	*Dobra večer!*
Gute Nacht!	*Laku noć!*
Hallo!/Grüß Dich!	*Halo!/Zdravo!*
Wie ist Ihr Name, bitte?	*Kako se zovete, molim?*
Mein Name ist ...	*Ja se zovem ...*
Wie geht es Ihnen?	*Kako ste?*
Auf Wiedersehen!	*Do viđenja!*
Tschüs!	*Zbogom!*
Bis bald!	*Do skora!*
Bis morgen!	*Do sutra!*

Zahlen

0	*nula*	19	*devetnaest*
1	*jedan*	20	*dvadeset*
2	*dva*	21	*dvadeset i jedan*
3	*tri*	22	*dvadeset i dva*
4	*četiri*	30	*trideset*
5	*pet*	40	*četrdeset*
6	*šest*	50	*pedeset*
7	*sedam*	60	*šezdeset*
8	*osam*	70	*sedamdeset*
9	*devet*	80	*osamdeset*
10	*deset*	90	*devedeset*
11	*jedanaest*	100	*sto*
12	*dvanaest*	200	*dvjesta*
13	*trinaest*	2 000	*dvije tisuće*
14	*četrnaest*	10 000	*deset tisuća*
15	*petnaest*	100 000	*milijun*
16	*šestnaest*	1/2	*polovica*
17	*sedamnaest*	1/4	*četvrt*
18	*osamnaest*		

gestern/heute/morgen	*jučer/danas/sutra*
am Vormittag/ am Nachmittag	*prije podne/ poslije podne*
am Abend/ in der Nacht	*na večer/ u noći*
um 1 Uhr/ um 2 Uhr ...	*u jedan sat/ u dva sata ...*
um Viertel vor .../ nach ...	*u četvrt do .../ u ... i četvrt*
um ... Uhr 30	*u ... sata i trideset*
Minute(n)/Stunde(n)	*minuta (minute), sat (sata, sati)*
Tag(e)/Woche(n)	*dan(i), tjedan (tjedni)*
Monat(e)/Jahr(e)	*mjesec(i), godina (godine)*

Wochentage

Montag	*ponedjeljak*
Dienstag	*utorak*
Mittwoch	*srijeda*
Donnerstag	*četvrtak*
Freitag	*petak*
Samstag	*subota*
Sonntag	*nedjelja*

Monate

Januar	*siječan*
Februar	*veljača*
März	*ožujak*
April	*travanj*
Mai	*svibanj*
Juni	*lipanj*
Juli	*srpanj*
August	*kolovoz*
September	*rujan*
Oktober	*listopad*
November	*studeni*
Dezember	*prosinac*

Maße

Kilometer	*kilometar(-tra)*
Meter	*metar(-tra)*
Zentimeter	*centimetar(-tra)*
Kilogramm	*kilogram(a)*
Gramm	*gram(a)*
Liter	*litar (litra)*

Unterwegs

Nord/Süd/Ost/ West	*sjever/jug/istok/ zapad*

---

*Htio/htjela** = männl./weibl. Wortform

oben/unten	*gore/dole*
geöffnet/geschlossen	*otvoreno / zatvoreno*
geradeaus/links/rechts/zurück	*ravno/lijevo/desno/nazad*
nah/weit	*blizu/daleko*
Wie weit ....?	*Koliko daleko ...?*
Wo sind die Toiletten?	*Gdje su zahodi?*
Wo ist die (der) nächste	*Gdje je slijedeča (slijedeči) ...*
Telefonzelle/	*telefonska govornica/*
Bank/	*banka/*
Geldautomat/	*automat za novce /*
Post/	*pošta /*
Polizei?	*policija?*
Bitte, wo ist ...	*Molim Vas, gdje je ...*
der Hauptbahnhof/	*glavni kolodvor /*
die U-Bahn/	*podzemna željeznica /*
der Flughafen?	*aerodrom?*
Wo finde ich ...	*Gdje mogu naći ...*
eine Bäckerei/	*pekaru/*
Fotoartikel/	*fotografske potrepštine /*
ein Kaufhaus/	*robnu kuću/*
ein Lebensmittelgeschäft/	*trgovinu živežnih namirnica/*
den Markt?	*tržnicu?*
Ist das der Weg/die Straße nach ...?	*Dali je ovo put/ulica za ...?*
Ich möchte mit ...	*Htio/htjela* bih putovati ...*
dem Zug/	*vlakom/*
dem Schiff/	*brodom/*
der Fähre/	*trajektom/*
dem Flugzeug	*avionom*
nach ... fahren.	*u ...*
Gilt dieser Preis für Hin- und Rückfahrt?	*Jeli to cjena za povratnu kartu?*
Wie lange gilt das Ticket?	*Do kada vrijedi karta?*
Wo ist das Fremdenverkehrsamt/das Reisebüro?	*Gdje se nalazi turistički ured/putnički ured?*
Ich suche eine Hotelunterkunft.	*Tražim hotelski smještaj.*
Wo kann ich mein Gepäck lassen?	*Gdje mogu ostaviti moju prtljagu?*
Ich habe meinen Koffer verloren.	*Ja sam izgubio/izgubila*/moj kofer.*
Ich möchte eine Anzeige erstatten.	*Htio/htjela* bih napraviti prijavu.*
Man hat mir ...	*Netko mi je ukrao ...*
Geld/	*novce/*
die Tasche/	*torbu/*
die Papiere/	*dokumente/*
die Schlüssel/	*ključeve/*
den Fotoapparat/	*foto aparat/*
den Koffer/	*kofer/*
das Fahrrad gestohlen.	*biciklu.*

Freizeit

Ich möchte ein ...	*Htio/htjela* bih unajmiti ...*
Fahrrad/	*biciklu/*
Mountainbike/	*mountainbike/*
Motorrad/	*motocikl/*
Surfbrett/	*dasku za jedrenje/*
Boot/	*brod/*
Pferd mieten.	konja.
Gibt es ein(en) ...	*Dali postoji u blizini ...*
Freibad/	*otvoreni bazen/*
Golfplatz/	*teren za golf/*
Strand in der Nähe?	*plaža?*
Wann hat .... geöffnet?	*Kada je otvoren/otvorena* ...?*

Bank, Post, Telefon

Ich möchte Geld wechseln.	*Htio/htjela* bih promjeniti novce.*
Brauchen Sie meinen Ausweis?	*Trebate li moju osobnu iskaznicu?*
Wo soll ich unterschreiben?	*Gdje da potpišem?*
Ich möchte eine Telefonverbindung nach ...	*Htio/htjela* bih telefonsku vezu sa ...*
Wie lautet die Vorwahl für ....?	*Kako glasi pozivni broj za ...?*
Wo gibt es ...	*Gdje mogu dobiti ...*
Münzen für den Fernsprecher/	*žetone za telefon/*
Telefonkarten/	*telefonske kartice/*
Briefmarken?	*poštanske marke?*

Hinweise zur Aussprache

c	wie ›z‹, Bsp.: boca
č	wie ›tsch‹, Bsp.: **č**aj
ć	wie ›tch‹, Bsp.: vo**ć**e
dž	wie ›dsch‹, Bsp.: patli**dž**ani
Đđ	wie ›dj‹ (d und breites j zusammen), Bsp.: grož**đ**e
e	wie ›e, ä‹
h	wie ›h, ch‹
lj	wie ›lj‹ (sehr eng zusammen), Bsp.: u**lj**e
nj	wie ›nj‹ (sehr eng zusammen), Bsp.: ko**nj**
r	wie ›r‹ (kräftig rollen), Bsp.: **r**iba
s	wie ›ss‹, Bsp.: meso
š	wie ›sch‹, Bsp.: **š**unka
v	wie ›w‹, Bsp.: **v**oda
z	wie ›s‹, Bsp.: beizu
ž	wie ›sch‹, Bsp.: **ž**eton

Tankstelle

Wo ist die nächste Tankstelle?	*Gdje se nalazi slijedeča benzinska stanica?*
Ich möchte ... Liter ...	*Htio / htjela* bih.... litra ...*
Super /	*supera /*
Diesel /	*dizela /*
bleifrei.	*bez olovnog.*
Volltanken, bitte.	*Napunite molim rezervoar.*
Bitte prüfen Sie ...	*Kontrolirajte molim ...*
den Reifendruck /	*pritisak u gumama /*
den Ölstand /	*ulje /*
den Wasserstand /	*vodu /*
das Wasser für die Scheibenwischanlage /	*vodu za brisače /*
die Batterie.	*akumulator.*
Würden Sie bitte ...	*Molim Vas da mi ...*
den Ölwechsel vornehmen /	*promjenite ulje /*
den Radwechsel vornehmen /	*promjenite gumu /*
die Sicherung austauschen /	*zamjenite osigurač /*
die Zündkerzen erneuern /	*promjenite svijećice /*
die Zündung nachstellen.	*naštimate paljenje.*

Panne

Ich habe eine Panne.	*Dogodila mi se prometna nezgoda.*
Der Motor startet nicht.	*Motor se ne može upaliti.*
Ich habe die Schlüssel im Wagen gelassen.	*Zaboravio / zaboravila* sam ključeve u kolima.*
Ich habe kein Benzin / Diesel.	*Nemam više benzina / dizela.*
Gibt es hier in der Nähe eine Werkstatt?	*Postoji li ovdje u blizini autoradionica?*
Können Sie mir einen Abschleppwagen schicken?	*Možete li mi poslati kola za odvlačenje?*
Können Sie den Wagen reparieren?	*Možete li auto popraviti?*
Bis wann?	*Do kada?*

Mietwagen

Ich möchte ein Auto mieten.	*Htio / htjela* bih unajmiti auto.*
Was kostet die Miete ...	*Koliko košta najam …*
pro Tag /	*na dan /*
pro Woche /	*na tjedan /*
mit unbegrenzter km-Zahl /	*sa neograničenim brojem kilometara /*
mit Kaskoversicherung /	*sa kasko osiguranjem /*
mit Kaution?	*sa kaucijom?*
Wo kann ich den Wagen zurückgeben?	*Gdje mogu vratiti auto?*

Unfall

Hilfe!	*U pomoć!*
Achtung! / Vorsicht!	*Pozor! / Oprez!*
Rufen Sie bitte schnell ...	*Pozovite molim Vas brzo ...*
einen Krankenwagen /	*hitnu pomoć /*
die Polizei /	*policiju /*
die Feuerwehr.	*vatrogasce.*
Es war meine Schuld.	*Bila je moja krivnja.*
Es war nicht meine Schuld.	*Nije bila moja krivnja.*
Geben Sie mir bitte Ihren Namen und Ihre Adresse.	*Dajte mi molim Vas Vaše ime i Vašu adresu.*
Ich brauche die Angaben zu Ihrer Autoversicherung.	*Trebam podatke od Vašeg osiguranja.*

Krankheit

Können Sie mir einen guten Deutsch sprechenden Arzt / Zahnarzt empfehlen?	*Možete li mi preporučiti jednog dobrog liječnika / zubara koji govori njemački?*
Wann hat er Sprechstunde?	*Kada on ordinira?*
Wo ist die nächste Apotheke?	*Gdje se nalazi sljedeča ljekarna?*
Ich brauche ein Mittel gegen ...	*Trebam sredstvo protiv ...*
Durchfall /	*proljeva /*
Halsschmerzen /	*grlobolje /*
Verstopfung /	*začepljenja /*
Zahnschmerzen.	*zubobolje.*

Im Hotel

Können Sie mir ein Hotel / eine Pension empfehlen?	*Možete li mi preporučiti jedan hotel / pansion?*
Ich habe bei Ihnen ein Zimmer reserviert.	*Rezervirao / rezervirala* sam kod Vas jednu sobu.*
Haben Sie ein Einzel- / Doppelzimmer ...	*Imate li jednokrevetnu / dvokrevetnu sobu ...*
mit Dusche / Bad /	*sa tušom / kadom /*
WC /	*WC (zahodom) /*
für eine Nacht /	*za jednu noć /*
für eine Woche /	*za jedan tjedan /*
mit Blick aufs Meer?	*sa pogledom na more?*

Was kostet das Zimmer ...	*Koliko košta soba ...*
mit Frühstück /	*sa doručkom /*
mit Halbpension /	*sa polu pansionom /*
mit Vollpension?	*sa punim pansionom?*
Wie lange gibt es Frühstück?	*Do kada se može doručkovati?*
Ich möchte um ... Uhr geweckt werden.	*Probudite me molim Vas u ... sata / sati.*
Ich reise heute abend / morgen früh ab.	*Ja ću večeras / sutra u jutro odputovati.*
Haben Sie ein Faxgerät / Hotelsafe?	*Imate li telefaks / hotelski trezor?*
Kann ich mit Kreditkarten zahlen?	*Mogu li platiti sa kreditnom karticom?*

Im Restaurant

Ich suche ein gutes Restaurant.	*Tražim jedan dobar restoran.*
Ich suche ein günstiges Restaurant.	*Tražim jedan restoran pristupačnih cijena.*
Herr Ober! / Kellner! / Bedienung!	*Gospon konobar!*
Die Speisekarte, bitte.	*Jelovnik, molim Vas.*
Welches Gericht können Sie besonders empfehlen?	*Koje bi jelo mogli posebno preporučiti?*
Ich möchte das Tagesgericht / das Menü (zu ...).	*Ja bih htio / htjela* dnevni meni (...)*
Ich möchte nur eine Kleinigkeit essen.	*Ja bih htio / htjela* samo jednu sitnicu pojesti.*
Haben Sie ...	*Dali imate ...*
vegetarische Gerichte /	*vegetarijanska jela /*
offenen Wein /	*otvoreno vino /*
alkoholfreie Getränke?	*bezalkoholna pića?*
Kann ich bitte ...	*Dali mogu dobiti ...*
ein Messer /	*nož /*
eine Gabel /	*viljušku /*
einen Löffel haben?	*žlicu?*
Darf man rauchen?	*Smije li se pušiti?*
Die Rechnung / Bezahlen, bitte!	*Račun / Platiti, molim!*

Essen und Trinken

Apfel	*jabuka*
Artischocken	*artičoki*
Auberginen	*patlidžani*
Bier	*pivo*
Birne	*kruška*
Brot / Brötchen	*kruh / žemlja*
Butter	*maslac*
Ei	*jaje*
Eiskrem	*sladoled*
Erbsen	*grašak*
Erdbeeren	*jagode*
Essig	*ocat*
Feigen	*smokve*
Fisch	*riba*
Flasche	*boca*
Fleisch	*meso*
Fruchtsaft	*voćni sok*
Frühstück	*doručak*
gegrillt	*sa roštilja*
Gemüse	*povrće*
Glas	*čaša*
Huhn	*kokoš*
Kaffee mit aufgeschäumter Milch	*kapuciner*
Kaffee, kleiner, starker	*espreso*
Kaffee, kleiner, mit wenig Milch	*espreso sa mlijekom (machiato)*
Kalbfleisch	*teleće meso*
Kalbshaxenscheibe	*teleća koljenica*
Kartoffeln	*krumpiri*
Käse	*sir*
Knoblauch	*bijeli luk*
Lamm	*janjetina*
Leber	*jetra*
Maisbrei	*polenta*
Mangold	*blitva*
Milchkaffee	*bijela kafa*
Mineralwasser (mit / ohne Kohlensäure)	*mineralna voda (sa sodom / bez sode)*
Muscheln	*školjke*
Nachspeise	*desert*
Nudeln	*pašta*
Obst	*voće*
Öl	*ulje*
Oliven	*masline*
Olivenöl	*maslinovo ulje*
Orange	*naranče*
Parmesankäse	*parmezan*
Pfannkuchen	*palačinke*
Pfeffer	*papar*
Pfirsich	*breskva*
Pilze	*gljive*
Salat	*salata*
Salz	*sol*
Schinken	*šunka, pršut*
Schweinefleisch	*svinjsko meso*
Spinat	*špinat*
Strudel	*savijača*
Suppe	*juha*
Tee	*čaj*
Tomaten	*rajčica*
Vorspeise	*predjelo*
Wein	*vino*
Weißwein	*bijelo vino*
Rotwein	*crno vino*
Roséwein	*rose vino*
Weintrauben	*grožđe*
Zucker	*šećer*

Register

Bildnachweis

Ralf Freyer, Freiburg: 6, 6/7, 7, 8 (3), 10 (3), 11 (2), 16/17, 19 oben, 22, 25 oben, 27, 28/29, 31 unten, 32 (2), 34 (2), 36 (2), 41, 43, 44, 46, 47 (2), 49 (2), 51, 53, 58 (2), 60, 61 (2), 63 (2), 64, 65, 69 unten, 71 unten, 72 (2), 73 unten, 74, 77, 78 (2), 79, 81 oben, 82, 83 unten, 84, 86 unten, 86/87, 88 oben, 89, 90, 94 (2), 98, 101 (2), 102 unten, 105, 106 (2), 107 (2), 108 oben, 109, 110 (2), 111, 112, 113, 114 (2), 116/117, 118/119, 119 unten, 120, 121 (2), 124 (2), 126 (5) – *Rainer Höh, Stetten*: 91 unten, 92, 93 oben, 104 – *N. N.*: 9 (2), 19 unten, 20, 21, 23, 28 unten, 30, 31 oben, 33 (2), 35, 38, 40, 45, 52 (2), 54 (2), 55, 56, 57, 62, 66, 67, 68/69, 71 oben, 80, 81 unten, 83 oben, 88 unten, 91 oben, 93 unten, 96, 97, 99, 100 (2), 102/103, 108 unten, 115, 123, 125, 126 Mitte rechts – *Süddeutscher Verlag/Bilderdienst, München*: 12, 13, 14 (2), 15 (3) – *Sabine Thiel-Siling, München*: 42 – *Top Press, München*: 39, 73 (oben)

In der ADAC-Reiseführer-Reihe sind erschienen:

Ägypten
Algarve
Amsterdam
Andalusien
Australien
Bali und Lombok
Barcelona
Berlin
Bodensee
Brandenburg
Brasilien
Bretagne
Budapest
Burgund
Costa Brava und Costa Daurada
Côte d'Azur
Dalmatien
Dänemark
Dominikanische Republik
Dresden
Elsass
Emilia Romagna
Florenz
Florida
Französische Atlantikküste
Fuerteventura
Gardasee
Golf von Neapel
Gran Canaria
Hamburg
Hongkong und Macau
Ibiza und Formentera
Irland
Israel
Istrien und Kvarner Golf
Italienische Adria
Italienische Riviera
Jamaika
Kalifornien
Kanada – Der Osten
Kanada – Der Westen
Karibik
Kenia
Kreta
Kuba
Kykladen
Lanzarote
London
Madeira
Mallorca
Malta
Marokko
Mauritius und Rodrigues
Mecklenburg-Vorpommern
Mexiko
München
Neuengland
Neuseeland
New York
Niederlande
Norwegen
Oberbayern
Österreich
Paris
Peloponnes
Piemont, Lombardei, Valle d'Aosta
Portugal
Prag
Provence
Rhodos
Rom
Rügen, Hiddensee, Stralsund
Salzburg
Sardinien
Schleswig-Holstein
Schottland
Schwarzwald
Schweden
Schweiz
Sizilien
Spanien
St. Petersburg
Südafrika
Südengland
Südtirol
Teneriffa
Tessin
Thailand
Toskana
Tunesien
Türkei-Südküste
Türkei-Westküste
Umbrien
Ungarn
USA-Südstaaten
USA-Südwest
Venedig
Venetien und Friaul
Wien
Zypern

Weitere Titel in Vorbereitung

Impressum

Umschlag-Vorderseite: Am Hafen zeigt sich Rovinj von einer seiner schönsten Seiten
Foto: Ralf Freyer

Titelseite: Achtung Brummschädel – die eingelegten Früchte haben's in sich
Foto: Ralf Freyer

Abbildungen: siehe Bildnachweis S. 142

Lektorat und Bildredaktion:
Cornelia Greiner, München
Aktualisierung: Mareike Windel
Gestaltung und Layout:
Norbert Dinkel, München
Karten: Astrid Fischer-Leitl, München
Reproduktion: eurocrom 4, Villorba/Italien
Satz: Filmsatz Schröter GmbH, München
Druck, Bindung: Ebner & Spiegel, Ulm
Printed in Germany

ISBN 3-87003-850-0

Gedruckt auf chlorfrei gebleichtem Papier

4., neu bearbeitete Auflage 2003

Redaktion ADAC-Reiseführer:
ADAC Verlag GmbH, 81365 München,
E-Mail: verlag@adac.de